[illegible]

07233 6267

h_arnould@yahoo.co.uk
hk24@kent.ac.uk

Jan 7 '10

LE PEINTRE DE LA VIE MODERNE

REMERCIEMENTS

Nos remerciements à Thanh-Vân Ton-That, Loïc Azoulai, Isabel Cuñado, Pablo d'Ors, Richard Lebrun, Michael Kohlhauer, Roland Moustache, Peter Shillingsburg, Cem Akas, José Pazó, Juan Malpartida et au personnel de la bibliothèque de l'Institut français de Florence, pour leur aide dans la préparation de cette édition.

S. A. et J. B. C.

Éditions du Sandre

57, rue du Docteur Blanche

75016 Paris

CHARLES BAUDELAIRE

LE PEINTRE DE LA VIE MODERNE

Edition critique de Silvia Acierno et Julio Baquero Cruz

Éditions du Sandre

Note sur le texte

Contrairement aux principales éditions, nous avons pris comme texte de référence non pas la publication posthume dans *L'Art romantique* (volume III des œuvres complètes publiées par Michel Lévy, 1869), mais le texte publié par *Le Figaro* du vivant de Baudelaire, les 26, 29 novembre et 3 décembre 1863.

L'édition principale des œuvres de Baudelaire, celle de la Bibliothèque de la Pléiade, reproduit le texte de *L'Art romantique*, mais ne justifie pas ce choix. Le texte du *Figaro* nous a semblé préférable pour deux raisons. D'abord, les changements du texte posthume par rapport au texte publié du vivant de Baudelaire ne sont pas nombreux et sont de portée réduite. Il s'agit probablement d'oublis d'un copiste distrait ou pressé par Michel Lévy. Surtout, la correspondance entre Asselineau, Poulet-Malassis et la mère Baudelaire concernant la publication posthume des œuvres du poète prouve que ces modifications ne sont pas de Baudelaire. Lors de la réception du volume II des œuvres complètes, les *Curiosités esthétiques*, Poulet-Malassis écrit à Asselineau : « je crois que Baudelaire eût modifié bien des choses et corrigé pas mal d'erreurs. Modifier à sa place étant impossible, corriger les erreurs eût pu se faire, mais c'était un travail de longueur pour lequel Lévy n'eût pas voulu compenser l'emploi du temps » (J. Richer et M. A. Ruff, *Les derniers mois de Charles Baudelaire et la publication posthume de ses œuvres*, Nizet, Paris, 1976, p. 184). Très probablement, le volume III, *L'Art romantique*, qui contient *Le Peintre de la Vie moderne*, se fit de la même façon, avec une intervention limitée des responsables de l'édition et sans l'ajout de corrections de la main de Baudelaire. Il nous semble donc justifié de retenir le texte du *Figaro*, dont le poète avait certainement corrigé les épreuves avec son soin habituel.

Nous signalons en note les variantes par rapport aux autres éditions (*L'Art romantique* et l'édition de la Pléiade). Nous avons par ailleurs quelquefois modernisé l'orthographe et la graphie et corrigé quelques coquilles.

LE PEINTRE DE LA VIE MODERNE

I

LE BEAU, LA MODE ET LE BONHEUR[1]

Il y a dans le monde, et même dans le monde des artistes, des gens qui vont au musée du Louvre, passent rapidement, et sans leur accorder un regard, devant une foule de tableaux très intéressants, quoique de *second ordre*, et se plantent rêveurs devant un Titien ou un Raphaël, un de ceux que la gravure a le plus popularisés ; puis sortent satisfaits, plus d'un se disant : « Je connais mon musée. » Il existe aussi des gens qui, ayant lu jadis Bossuet et Racine, croient posséder l'histoire de la littérature.

Par bonheur se présentent de temps en temps des redresseurs de torts, des critiques, des amateurs, des curieux qui affirment que tout n'est pas dans Raphaël, que tout n'est pas dans Racine, que les *poetæ minores* ont du bon, du solide et du délicieux ; et, enfin, que pour tant aimer la beauté générale, qui est exprimée par les poètes et les artistes classiques, on n'a pas moins tort[a] de négliger la beauté particulière, la beauté de circonstance et le trait de mœurs.

Je dois dire que le monde, depuis plusieurs années, s'est un peu corrigé. Le prix que les amateurs attachent aujourd'hui aux gentillesses gravées et coloriées du dernier siècle prouve qu'une réaction a eu lieu dans le sens où le public en avait besoin ; Debucourt, les Saint-Aubin[2] et bien d'autres, sont entrés dans le dictionnaire des artistes dignes d'être étudiés. Mais ceux-là représentent le passé ; or c'est à la peinture des mœurs du présent que je veux m'attacher aujourd'hui. Le passé est intéressant non seulement par la beauté qu'ont su en extraire les artistes pour qui il était le présent, mais aussi comme passé, pour sa valeur historique. Il en est de même du présent. Le plaisir que nous retirons de la représentation du présent tient non seulement à la beauté dont il peut être revêtu, mais aussi à sa qualité essentielle de présent.

J'ai sous les yeux une série de gravures de modes commençant avec la Révolution et finissant à peu près au Consulat[3]. Ces costumes, qui font rire bien des gens irréfléchis, de ces gens graves sans vraie gravité, présentent un charme d'une nature double, artistique et historique. Ils sont très souvent beaux et spirituellement dessinés ; mais ce qui m'importe au moins autant, et ce que je suis heureux de retrouver dans tous ou presque tous, c'est la morale et l'esthétique du temps. L'idée que l'homme se fait du beau s'imprime dans tout son ajustement, chiffonne ou roidit[b] son habit, arrondit ou aligne son geste, et même pénètre subtilement, à la longue, les traits de son visage. L'homme finit par ressembler à ce qu'il voudrait être. Ces gravures peuvent être traduites en beau et en laid ; en laid, elles deviennent des caricatures ; en beau, des statues antiques.

Les femmes qui étaient revêtues de ces costumes ressemblaient plus ou moins aux unes ou aux autres, selon le degré de poésie ou de vulgarité dont elles étaient marquées. La matière vivante rendait ondoyant ce qui nous semble trop rigide. L'imagination du spectateur peut encore aujourd'hui faire marcher et frémir cette *tunique* et ce *schall*. Un de ces jours, peut-être, un drame paraîtra sur un théâtre quelconque, où nous verrons la résurrection de ces costumes sous lesquels nos pères se trouvaient tout aussi enchanteurs que nous-mêmes dans nos pauvres vêtements (lesquels ont aussi leur grâce, il est vrai, mais d'une nature plutôt morale et spirituelle)[4], et s'ils sont portés et animés par des comédiennes et des comédiens intelligents, nous nous étonnerons d'en avoir pu rire si étourdiment. Le passé, tout en gardant le piquant du fantôme, reprendra la lumière et le mouvement de la vie, et se fera présent.

Si un homme impartial feuilletait une à une *toutes* les modes françaises depuis l'origine de la France jusqu'au jour présent, il n'y trouverait rien de choquant ni même de surprenant. Les transitions y seraient aussi abondamment ménagées que dans l'échelle du monde animal. Point de lacune, donc point de surprise[5]. Et s'il ajoutait à la vignette qui représente chaque époque la pensée philosophique dont celle-ci était le plus occupée ou agitée, pensée dont la vignette suggère inévitablement le souvenir, il verrait quelle profonde harmonie régit tous les membres de l'histoire, et que, même dans les siècles qui nous paraissent les plus monstrueux et les plus fous, l'immortel appétit du beau a toujours trouvé sa satisfaction.

C'est ici une belle occasion, en vérité, pour établir une théorie rationnelle et historique du beau, en opposition avec la théorie du beau unique et absolu ; pour montrer que le beau est toujours, inévitablement, d'une composition double, bien que l'impression qu'il produit soit une ; car la difficulté de discerner les éléments variables du beau dans l'unité de l'impression n'infirme en rien la nécessité de la variété dans sa composition. Le beau est fait d'un élément éternel, invariable, dont la quantité est excessivement difficile à déterminer, et d'un élément relatif, circonstanciel, qui sera, si l'on veut, tour à tour ou tout ensemble, l'époque, la mode, la morale, la passion. Sans ce second élément, qui est comme l'enveloppe amusante, titillante, apéritive, du divin gâteau, le premier élément serait indigestible, inappréciable, non adapté et non approprié à la nature humaine. Je défie qu'on découvre un échantillon quelconque de beauté qui ne contienne pas ces deux éléments[6].

Je choisis, si l'on veut, les deux échelons extrêmes de l'histoire. Dans l'art hiératique, la dualité se fait voir au premier coup d'œil ;

la partie de beauté éternelle ne se manifeste qu'avec la permission et sous la règle de la religion à laquelle appartient l'artiste. Dans l'œuvre la plus frivole d'un artiste raffiné appartenant à une de ces époques que nous qualifions trop vaniteusement de civilisées, la dualité se montre également ; la portion éternelle de beauté sera en même temps voilée et exprimée, sinon par la mode, au moins par le tempérament particulier de l'auteur. La dualité de l'art est une conséquence fatale de la dualité de l'homme[7]. Considérez, si cela vous plaît, la partie éternellement subsistante comme l'âme de l'art, et l'élément variable comme son corps. C'est pourquoi Stendhal, esprit impertinent, taquin, répugnant même, mais dont les impertinences provoquent utilement la méditation, s'est rapproché de la vérité, plus que beaucoup d'autres, en disant que *le Beau n'est que la promesse du bonheur*[8]. Sans doute cette définition dépasse le but ; elle soumet beaucoup trop le beau à l'idéal infiniment variable du bonheur ; elle dépouille trop lestement le beau de son caractère aristocratique ; mais elle a le grand mérite de s'éloigner décidément de l'erreur des académiciens.

J'ai plus d'une fois déjà expliqué ces choses[9] ; ces lignes en disent assez pour ceux qui aiment ces jeux de la pensée abstraite ; mais je sais que les lecteurs français, pour la plupart, ne s'y complaisent guère, et j'ai hâte moi-même d'entrer dans la partie positive et réelle de mon sujet.

II
LE CROQUIS DE MŒURS

Pour le croquis de mœurs, la représentation de la vie bourgeoise et les spectacles de la mode, le moyen le plus expéditif et le moins coûteux est évidemment le meilleur. Plus l'artiste y mettra de beauté, plus l'œuvre sera précieuse ; mais il y a dans la vie triviale, dans la métamorphose journalière des choses extérieures, un mouvement rapide qui commande à l'artiste une égale vélocité d'exécution. Les gravures à plusieurs teintes du XVIIIe siècle ont obtenu de nouveau les faveurs de la mode, comme je le disais tout à l'heure ; le pastel, l'eau-forte, l'aqua-tinte ont fourni tour à tour leurs contingents à cet immense dictionnaire de la vie moderne disséminé dans les bibliothèques, dans les cartons des amateurs et derrière les vitres des plus vulgaires boutiques[10]. Dès que la lithographie parut, elle se montra tout de suite très apte à cette énorme tâche, si frivole en apparence[11]. Nous avons dans ce genre de véritables monuments. On a justement appelé les œuvres de Gavarni et de Daumier des compléments de *La Comédie humaine*[12]. Balzac lui-même, j'en suis très convaincu, n'eût pas été éloigné d'adopter cette idée, laquelle est d'autant plus juste que le génie de l'artiste peintre de mœurs est un génie d'une nature mixte, c'est-à-dire où il entre une bonne partie d'esprit littéraire. Observateur, flâneur[13], philosophe, appelez-le comme vous voudrez ; mais vous serez certainement amené, pour caractériser cet artiste, à le gratifier d'une épithète que vous ne sauriez appliquer au peintre des choses éternelles, ou du moins plus durables, des choses héroïques ou religieuses. Quelquefois il est poète ; plus souvent il se rapproche du romancier ou du moraliste ; il est le peintre de la circonstance et de tout ce qu'elle suggère d'éternel. Chaque pays, pour son plaisir et pour sa gloire, a possédé quelques uns de ces hommes-là. Dans notre époque actuelle, à Daumier et à Gavarni, les premiers noms qui se présentent à la mémoire, on peut ajouter Devéria, Maurin, Numa, historiens des grâces interlopes de la Restauration, Wattier, Tassaert, Eugène Lami, celui-là presque anglais à force d'amour pour les élégances aristocratiques, et même Trimolet et Traviès[14], ces chroniqueurs de la pauvreté et de la petite vie.

III
L'ARTISTE, HOMME DU MONDE, HOMME DES FOULES ET ENFANT

Je veux entretenir aujourd'hui le public d'un homme singulier, originalité si puissante et si décidée, qu'elle se suffit à elle-même et ne recherche même pas l'approbation. Aucun de ses dessins n'est signé, si l'on appelle signature ces quelques lettres, faciles à contrefaire, qui figurent un nom, et que tant d'autres apposent fastueusement au bas de leurs plus insouciants croquis. Mais tous ses ouvrages sont signés de son âme éclatante, et les amateurs qui les ont vus et appréciés les reconnaîtront facilement à la description que j'en veux faire. Grand amoureux de la foule et de l'incognito, M. C. G. pousse l'originalité jusqu'à la modestie[15]. M. Thackeray, qui, comme on sait, est très curieux des choses d'art, et qui dessine lui-même les *illustrations* de ses romans, parla un jour de M. G. dans un petit journal de Londres[16]. Celui-ci s'en fâcha comme d'un outrage à sa pudeur. Récemment encore, quand il apprit que je me proposais de faire une appréciation de son esprit et de son talent, il me supplia, d'une manière très impérieuse, de supprimer son nom et de ne parler de ses ouvrages que comme des ouvrages d'un anonyme. J'obéirai humblement à ce bizarre désir[17]. Nous feindrons de croire, le lecteur et moi, que M. G. n'existe pas, et nous nous occuperons de ses dessins et de ses aquarelles, pour lesquels il professe un dédain de patricien, comme feraient des savants qui auraient à juger de précieux documents historiques, fournis par le hasard, et dont l'auteur doit rester éternellement inconnu. Et même, pour rassurer complètement ma conscience, on supposera que tout ce que j'ai à dire de sa nature si curieusement et si mystérieusement éclatante, est plus ou moins justement suggéré par les œuvres en question ; pure hypothèse poétique, conjecture, travail d'imagination.

M. G. est vieux[18]. Jean-Jacques commença, dit-on, à écrire à quarante-deux ans. Ce fut peut-être vers cet âge que M. G., obsédé par toutes les images qui remplissaient son cerveau, eut l'audace de jeter sur une feuille blanche de l'encre et des couleurs. Pour dire la vérité, il dessinait comme un barbare, comme un enfant, se fâchant contre la maladresse de ses doigts et la désobéissance de son outil. J'ai vu un grand nombre de ces barbouillages primitifs, et j'avoue que la plupart des gens qui s'y connaissent ou prétendent s'y connaître auraient pu, sans déshonneur, ne pas deviner le génie latent qui habitait dans ces ténébreuses ébauches. Aujourd'hui, M. G., qui a trouvé, à lui tout seul, toutes les petites ruses du métier, et qui a fait, sans conseils, sa propre éducation, est devenu un puissant maître, à sa manière, et n'a gardé de sa première ingénuité que ce qu'il en faut pour ajouter à ses riches facultés un assaisonnement inattendu. Quand il rencontre un de ces essais de son *jeune âge*, il le déchire ou le brûle avec une honte et une indignation[c] des plus amusantes[19].

Pendant dix ans, j'ai désiré faire la connaissance de M. G., qui est, par nature, très voyageur et très cosmopolite. Je savais qu'il avait été longtemps attaché à un journal anglais illustré[20], et qu'on y avait publié des gravures d'après ses croquis de voyage (Espagne, Turquie, Crimée). J'ai vu depuis lors une masse considérable de ces dessins improvisés sur les lieux mêmes, et j'ai pu *lire* ainsi un compte rendu minutieux et journalier de la campagne de Crimée, bien préférable à tout autre. Le même journal avait aussi publié, toujours sans signature, de nombreuses compositions du même auteur, d'après les ballets et les opéras nouveaux. Lorsque enfin je le trouvai, je vis tout d'abord que je n'avais pas affaire précisément à un *artiste*, mais plutôt à un *homme du monde*. Entendez ici, je vous prie, le mot *artiste* dans un sens très restreint, et le mot *homme du monde* dans un sens très étendu. *Homme du monde*, c'est-à-dire homme du monde entier, homme qui comprend le monde et les raisons mystérieuses et légitimes de tous ses usages ; *artiste*, c'est-à-dire spécialiste, homme attaché à sa palette comme le serf à la glèbe. M. G. n'aime pas être appelé artiste. N'a-t-il pas un peu raison ? Il s'intéresse au monde entier ; il veut savoir, comprendre, apprécier tout ce qui se passe à la surface de notre sphéroïde. L'artiste vit très peu, ou même pas du tout, dans le monde moral et politique. Celui qui habite dans le quartier Bréda ignore ce qui se passe dans le faubourg Saint-Germain[21]. Sauf deux ou trois exceptions qu'il est inutile de nommer, la plupart des artistes sont, il faut bien le dire, des brutes très adroites, de purs manœuvres, des intelligences de village, des cervelles de hameau. Leur conversation, forcément bornée à un cercle très étroit, devient très vite insupportable à l'*homme du monde*, au citoyen spirituel de l'univers.

Ainsi, pour entrer dans la compréhension de M. G., prenez note tout de suite de ceci : c'est que la *curiosité* peut être considérée comme le point de départ de son génie.

Vous souvenez-vous d'un tableau (en vérité, c'est un tableau !) écrit par la plus puissante plume de cette époque, et qui a pour titre *L'Homme des foules*[22] *?* Derrière la vitre d'un café, un convalescent, contemplant la foule avec jouissance, se mêle par la pensée, à toutes les pensées qui s'agitent autour de lui. Revenu récemment des ombres de la mort, il aspire avec délices tous les germes et tous les effluves de la vie ; comme il a été sur le point de tout oublier, il se souvient et veut avec ardeur se souvenir de tout. Finalement, il se précipite à travers cette foule à la recherche d'un inconnu dont la physionomie entrevue l'a, en un clin d'œil, fasciné. La curiosité est devenue une passion fatale, irrésistible !

Supposez un artiste qui serait toujours, spirituellement, à l'état du convalescent, et vous aurez la clef du caractère de M. G.

Or la convalescence est comme un retour vers l'enfance. Le convalescent jouit au plus haut degré, comme l'enfant, de la faculté de s'intéresser vivement aux choses, même les plus triviales en apparence. Remontons, s'il se peut, par un effort rétrospectif de l'imagination, vers nos plus jeunes, nos plus matinales impressions, et nous reconnaîtrons qu'elles avaient une singulière parenté avec les impressions, si vivement colorées, que nous reçûmes plus tard à la suite d'une maladie physique, pourvu que cette maladie ait laissé pures et intactes nos facultés spirituelles. L'enfant voit tout en *nouveauté* ; il est toujours *ivre*. Rien ne ressemble plus à ce qu'on appelle l'inspiration, que la joie avec laquelle l'enfant absorbe la forme et la couleur. J'oserai pousser plus loin ; j'affirme que l'inspiration a quelque rapport avec la *congestion*, et que toute pensée sublime est accompagnée d'une secousse nerveuse, plus ou moins forte, qui retentit jusque dans le cervelet. L'homme de génie a les nerfs solides ; l'enfant les a faibles. Chez l'un, la raison a pris une place considérable ; chez l'autre, la sensibilité occupe presque tout l'être. Mais le génie n'est que l'*enfance retrouvée* à volonté, l'enfance douée maintenant, pour s'exprimer, d'organes virils et de l'esprit analytique qui lui permet d'ordonner la somme de matériaux involontairement amassée. C'est à cette curiosité profonde et joyeuse qu'il faut attribuer l'œil fixe et animalement extatique des enfants devant le *nouveau*, quel qu'il soit, visage ou paysage, lumière, dorure, couleurs, étoffes chatoyantes, enchantement de la beauté embellie par la toilette. Un de mes amis me disait un jour qu'étant fort petit, il assistait à la toilette de son père, et qu'alors il contemplait, avec une stupeur mêlée de délices, les muscles des bras, les dégradations de couleurs de la peau nuancée de rose et de jaune, et le réseau bleuâtre des veines. Le tableau de la vie extérieure le pénétrait déjà de respect et s'emparait de son cerveau. Déjà la forme l'obsédait et le possédait. La prédestination montrait précocement le bout de son nez. La *damnation* était faite. Ai-je besoin de dire que cet enfant est aujourd'hui un peintre célèbre[23] ?

Je vous priais tout à l'heure de considérer M. G. comme un éternel convalescent ; pour compléter votre conception, prenez-le aussi pour un homme-enfant, pour un homme possédant à chaque minute le génie de l'enfance, c'est-à-dire un génie pour lequel aucun aspect de la vie n'est *émoussé*.

Je vous ai dit que je répugnais à l'appeler un pur artiste, et qu'il se défendait lui-même de ce titre avec une modestie nuancée de pudeur aristocratique. Je le nommerais volontiers un *dandy*, et j'aurais pour cela quelques bonnes raisons ; car le mot *dandy* implique une quintessence de caractère et une intelligence subtile de tout le mécanisme moral de ce monde ; mais, d'un autre côté, le dandy aspire à l'insensibilité, et c'est par là que M. G., qui est dominé, lui, par une passion insatiable, celle de voir et de sentir, se détache violemment du dandysme[24]. *Amabam amare*, disait saint Augustin[25]. « J'aime passionnément la passion », dirait volontiers M. G. Le dandy est blasé, ou il feint de l'être, par politique et raison de caste. M. G. a horreur des gens blasés. Il possède l'art si difficile (les esprits raffinés me comprendront) d'être *sincère sans ridicule*. Je le décorerais bien du nom de philosophe, auquel il a droit à plus d'un titre, si son amour excessif des choses visibles, tangibles, condensées à l'état plastique, ne lui inspirait une certaine répugnance de celles qui forment le royaume impalpable du métaphysicien. Réduisons-le donc à la condition de pur moraliste pittoresque, comme La Bruyère.

La foule est son domaine, comme l'air est celui de l'oiseau, comme l'eau celui du poisson. Sa passion et sa profession, c'est d'*épouser la foule*. Pour le parfait flâneur, pour l'observateur passionné, c'est une immense jouissance que d'élire domicile dans le nombre, dans l'ondoyant, dans le mouvement, dans le fugitif et l'infini[26]. Être hors de chez soi, et pourtant se sentir partout chez soi ; voir le monde, être au centre du monde et rester caché au monde, tels sont quelques-uns des moindres plaisirs de ces esprits indépendants, passionnés, impartiaux, que la langue ne peut que maladroitement définir. L'observateur est un *prince* qui jouit partout de son incognito. L'amateur de la vie fait du monde sa famille, comme l'amateur du beau sexe compose sa famille de toutes les beautés trouvées, trouvables et introuvables ; comme l'amateur de tableaux vit dans une société enchantée de rêves peints sur toile. Ainsi l'amoureux de la vie universelle entre dans la foule comme dans un immense réservoir d'électricité. On peut aussi le comparer, lui, à un miroir aussi immense que cette foule ; à un kaléidoscope doué de conscience, qui, à chacun de ses mouvements, représente la vie multiple et la grâce mouvante de tous les éléments de la vie. C'est un *moi* insatiable du *non-moi*, qui, à chaque instant, le rend et l'exprime en images plus vivantes que la vie elle-même, toujours instable et fugitive. « Tout homme », disait un jour M. G. dans une de ces conversations qu'il illumine d'un regard intense et d'un geste évocateur, « tout homme qui n'est pas accablé par un de ces chagrins d'une nature trop positive pour ne pas absorber toutes les facultés, et *qui s'ennuie au sein de la multitude*, est un sot ! un sot ! et je le méprise ! »

Quand M. G., à son réveil, ouvre les yeux et qu'il voit le soleil tapageur donnant l'assaut aux carreaux des fenêtres, il se dit avec remords, avec regrets : « Quel ordre impérieux ! quelle fanfare de lumière ! Depuis plusieurs heures déjà, de la lumière partout ! de la lumière perdue par mon sommeil ! Que de choses *éclairées* j'aurais pu voir et que je n'ai pas vues ! » Et il part ! et il regarde couler le fleuve de la vitalité, si majestueux et si brillant. Il admire l'éternelle beauté et l'étonnante harmonie de la vie dans les capitales, harmonie si providentiellement maintenue dans le tumulte de la liberté humaine. Il contemple les paysages de la grande ville, paysages de pierre caressés par la brume ou frappés par les soufflets du soleil. Il jouit des beaux équipages, des fiers chevaux, de la propreté éclatante des grooms, de la dextérité des valets, de la démarche des femmes onduleuses, des beaux enfants, heureux de vivre et d'être bien habillés ; en un mot, de la vie universelle. Si une mode, une coupe de vêtement a été légèrement transformée, si les nœuds de rubans, les boucles ont été détrônés par les cocardes, si le bavolet s'est élargi et si le chignon est descendu d'un cran sur la nuque, si la ceinture a été exhaussée et la jupe amplifiée, croyez qu'à une distance énorme *son œil d'aigle* l'a déjà deviné. Un régiment passe, qui va peut-être au bout du monde, jetant dans l'air des boulevards ses fanfares entraînantes et légères comme l'espérance[27] ; et voilà que l'œil de M. G. a déjà vu, inspecté, analysé les armes, l'allure et la physionomie de cette troupe. Harnachements, scintillements, musique, regards décidés, moustaches lourdes et sérieuses, tout cela entre pêle-mêle en lui ; et dans quelques minutes, le poème qui en résulte sera virtuellement composé. Et voilà que son âme vit avec l'âme de ce régiment qui marche comme un seul animal, fière image de la joie dans l'obéissance !

Mais le soir est venu. C'est l'heure bizarre et douteuse où les rideaux du ciel se ferment, où les cités s'allument. Le gaz fait tache sur la pourpre du couchant. Honnêtes ou déshonnêtes, raisonnables ou fous, les hommes se disent : « Enfin la journée est finie ! » Les sages et les mauvais sujets pensent au plaisir, et chacun court dans l'endroit de son choix boire la coupe de l'oubli. M. G. restera le dernier partout où peut resplendir la lumière, retentir la poésie, fourmiller la vie, vibrer la musique ; partout où une passion peut *poser* pour son œil, partout où l'homme naturel et l'homme de convention se montrent dans une beauté bizarre, partout où le soleil éclaire les joies rapides de l'*animal dépravé*[28] *!* « Voilà, certes, une journée bien employée », se dit certain lecteur que nous avons tous connu, « chacun de nous a bien assez de génie pour la remplir de la même façon. » Non ! peu d'hommes sont doués de la faculté de voir ; il y en a moins encore qui possèdent la puissance d'exprimer. Maintenant, à l'heure où les autres dorment, celui-ci est penché sur sa table, dardant sur une feuille de papier le même regard qu'il attachait tout à l'heure sur les choses, s'escrimant avec son crayon, sa plume, son pinceau, faisant jaillir l'eau du verre au plafond, essuyant sa plume sur sa chemise, pressé, violent, actif, comme s'il craignait que les images ne lui échappent, querelleur quoique seul, et se bousculant lui-même[29]. Et les choses renaissent sur le papier, naturelles et plus que naturelles, belles et plus que belles, singulières et douées d'une vie enthousiaste comme l'âme de l'auteur. La fantasmagorie a été extraite de la nature. Tous les matériaux dont la mémoire s'est encombrée se classent, se rangent, s'harmonisent et subissent cette idéalisation forcée qui est le résultat d'une perception *enfantine*, c'est-à-dire d'une perception aiguë, magique à force d'ingénuité !

IV
LA MODERNITÉ

Ainsi il va, il court, il cherche. Que cherche-t-il ? A coup sûr, cet homme, tel que je l'ai dépeint, ce solitaire doué d'une imagination active, toujours voyageant à travers *le grand désert d'hommes*, a un but plus élevé que celui d'un pur flâneur, un but plus général, autre que le plaisir fugitif de la circonstance. Il cherche ce quelque chose qu'on nous permettra d'appeler la *modernité*[30] ; car il ne se présente pas de meilleur mot pour exprimer l'idée en question. Il s'agit, pour lui, de dégager de la mode ce qu'elle peut contenir de poétique dans l'historique, de tirer l'éternel du transitoire. Si nous jetons un coup d'œil sur nos expositions de tableaux modernes, nous sommes frappés de la tendance générale des artistes à habiller tous les sujets de costumes anciens. Presque tous se servent des modes et des meubles de la Renaissance, comme David se servait des modes et des meubles romains[31]. Il y a cependant cette différence, que David, ayant choisi des sujets particulièrement grecs ou romains, ne pouvait pas faire autrement que de les habiller à l'antique, tandis que les peintres actuels, choisissant des sujets d'une nature générale applicable à toutes les époques, s'obstinent à les affubler des costumes du Moyen Âge, de la Renaissance ou de l'Orient. C'est évidemment le signe d'une grande paresse ; car il est beaucoup plus commode de déclarer que tout est absolument laid dans l'habit d'une époque, que de s'appliquer à en extraire la beauté mystérieuse qui y peut être contenue, si minime ou si légère qu'elle soit. La modernité, c'est le transitoire, le fugitif, le contingent, la moitié de l'art, dont l'autre moitié est l'éternel et l'immuable. Il y a eu une modernité pour chaque peintre ancien ; la plupart des beaux portraits qui nous restent des temps antérieurs sont revêtus des costumes de leur époque. Ils sont parfaitement harmonieux, parce que le costume, la coiffure et même le geste, le regard et le sourire (chaque époque a son port, son regard et son sourire) forment un tout d'une complète vitalité. Cet élément transitoire, fugitif, dont les métamorphoses sont si fréquentes, vous n'avez pas le droit de le mépriser ou de vous en passer. En le supprimant, vous tombez forcément dans le vide d'une beauté abstraite et indéfinissable, comme celle de l'unique femme avant le premier péché. Si au costume de l'époque, qui s'impose nécessairement, vous en substituez un autre, vous faites un contresens qui ne peut avoir d'excuse que dans le cas d'une mascarade voulue par la mode. Ainsi, les déesses, les nymphes et les sultanes du XVIIIe siècle sont des portraits *moralement* ressemblants.

Il est sans doute excellent d'étudier les anciens maîtres pour apprendre à peindre, mais cela ne peut être qu'un exercice superflu si votre but est de comprendre le caractère de la beauté présente. Les draperies de Rubens ou de Véronèse ne vous enseigneront pas à faire de la *moire antique*, du *satin à la reine*, ou toute autre étoffe de nos fabriques, soulevée, balancée par la crinoline ou les jupons de mousseline empesée. Le tissu et le grain ne sont pas les mêmes que dans les étoffes de l'ancienne Venise ou dans celles portées à la cour de Catherine[32]. Ajoutons aussi que la coupe de la jupe et du corsage est absolument différente, que les plis sont disposés dans un système nouveau, et enfin que le geste et le port de la femme actuelle donnent à sa robe une vie et une physionomie qui ne sont pas celles de la femme ancienne. En un mot, pour que toute *modernité* soit digne de devenir antiquité, il faut que la beauté mystérieuse que la vie humaine y met involontairement en ait été extraite. C'est à cette tâche que s'applique particulièrement M. G.

J'ai dit que chaque époque avait son port, son regard et son geste. C'est surtout dans une vaste galerie de portraits (celle de Versailles, par exemple) que cette proposition devient facile à vérifier. Mais elle peut s'étendre plus loin encore. Dans l'unité qui s'appelle nation, les professions, les castes, les siècles introduisent la variété, non seulement dans les gestes et les manières, mais aussi dans la forme positive du visage. Tel nez, telle bouche, tel front remplissent l'intervalle d'une durée que je ne prétends pas déterminer ici, mais qui certainement peut être soumise à un calcul. De telles considérations ne sont pas assez familières aux portraitistes ; et le grand défaut de M. Ingres, en particulier, est de vouloir imposer à chaque type qui pose sous son œil un perfectionnement plus ou moins complet, c'est-à-dire plus ou moins despotique[d], emprunté au répertoire des idées classiques[33].

En une[e] pareille matière, il serait facile et même légitime de raisonner *a priori*. La corrélation perpétuelle de ce qu'on appelle *l'âme* avec ce qu'on appelle *le corps* explique très bien comment tout ce qui est matériel ou effluve du spirituel représente et représentera toujours le spirituel d'où il dérive. Si un peintre patient et minutieux, mais d'une imagination médiocre, ayant à peindre une courtisane du temps présent, *s'inspire* (c'est le mot consacré) d'une courtisane de Titien ou de Raphaël, il est infiniment probable qu'il fera une œuvre fausse, ambiguë et obscure[34]. L'étude d'un chef-d'œuvre de ce temps et de ce genre ne lui enseignera ni l'attitude, ni le regard, ni la grimace, ni l'aspect vital d'une de ces créatures que le dictionnaire de la mode a successivement classées sous les titres grossiers ou badins d'*impures*, de *filles entretenues*, de *lorettes* et de *biches*[35].

La même critique s'applique rigoureusement à l'étude du militaire, du dandy, de l'animal même, chien ou cheval, et de tout ce qui compose la vie extérieure d'un siècle. Malheur à celui qui étudie dans l'antique autre chose que l'art pur, la logique, la méthode générale ! Pour s'y trop plonger, il perd la mémoire du présent ; il abdique la valeur et les privilèges fournis par la circonstance ; car presque toute notre originalité vient de l'estampille que le temps imprime à nos sensations. Le lecteur comprend d'avance que je pourrais vérifier facilement mes assertions sur de nombreux objets autres que la femme. Que diriez-vous, par exemple, d'un peintre de marines (je pousse l'hypothèse à l'extrême) qui, ayant à reproduire la *beauté* sobre et élégante du navire moderne, fatiguerait ses yeux à étudier les formes surchargées, contournées, l'arrière monumental du navire ancien et les voilures compliquées du XVIe siècle[36] ? Et que penseriez-vous d'un artiste que vous auriez chargé de faire le portrait d'un pur-sang, célèbre dans les solennités du turf, s'il allait confiner ses contemplations dans les musées, s'il se contentait d'observer le cheval dans les galeries du passé, dans Van Dyck, Bourguignon ou Van der Meulen[37] ?

M. G., dirigé par la nature, tyrannisé par la circonstance, a suivi une voie toute différente. Il a commencé par contempler la vie, et ne s'est ingénié que tard à apprendre les moyens d'exprimer la vie. Il en est résulté une originalité saisissante, dans laquelle ce qui peut rester de barbare et d'ingénu apparaît comme une preuve nouvelle d'obéissance à l'impression, comme une flatterie à la vérité. Pour la plupart d'entre nous, surtout pour les gens d'affaires, aux yeux de qui la nature n'existe pas, si ce n'est dans ses rapports d'utilité avec leurs affaires, le fantastique réel de la vie est singulièrement émoussé. M. G. l'absorbe sans cesse ; il en a la mémoire et les yeux pleins[38].

V
L'ART MNÉMONIQUE[39]

Ce mot *barbarie*, qui est venu peut-être trop souvent sous ma plume, pourrait induire quelques personnes à croire qu'il s'agit ici de[f] dessins informes que l'imagination seule du spectateur sait transformer en choses parfaites. Ce serait mal me comprendre. Je veux parler d'une barbarie inévitable, synthétique, enfantine, qui reste souvent visible dans un art parfait (mexicaine, égyptienne ou ninivite), et qui dérive du besoin de voir les choses grandement, de les considérer surtout dans l'effet de leur ensemble. Il n'est pas superflu d'observer ici que beaucoup de gens ont accusé de barbarie tous les peintres dont le regard est synthétique et abréviateur, par exemple M. Corot[40], qui s'applique tout d'abord à tracer les lignes principales d'un paysage, son ossature et sa physionomie. Ainsi, M. G., traduisant fidèlement ses propres impressions, marque avec une énergie instinctive les points culminants ou lumineux d'un objet (ils peuvent être culminants ou lumineux au point de vue dramatique), ou ses principales caractéristiques, quelquefois même avec une exagération utile pour la mémoire humaine ; et l'imagination du spectateur, subissant à son tour cette mnémonique si despotique, voit avec netteté l'impression produite par les choses sur l'esprit de M. G. Le spectateur est ici le traducteur d'une traduction toujours claire et enivrante.

Il est une condition qui ajoute beaucoup à la force vitale de cette traduction *légendaire* de la vie extérieure. Je veux parler de la méthode de dessiner de M. G. Il dessine de mémoire, et non d'après le modèle, sauf dans les cas (la guerre de Crimée, par exemple) où il y a nécessité urgente de prendre des notes immédiates, précipitées, et d'arrêter les lignes principales d'un sujet. En fait, tous les bons et vrais dessinateurs dessinent d'après l'image écrite dans leur cerveau, et non d'après la nature. Si l'on nous objecte les admirables croquis de Raphaël, de Watteau et de beaucoup d'autres, nous dirons que ce sont là des notes, très minutieuses, il est vrai, mais de pures notes. Quand un véritable artiste en est venu à l'exécution définitive de son œuvre, le modèle lui serait plutôt un *embarras* qu'un secours. Il arrive même que des hommes tels que Daumier[41] et M. G., accoutumés dès longtemps à exercer leur mémoire et à la remplir d'images, trouvent devant le modèle et la multiplicité de détails qu'il comporte, leur faculté principale troublée et comme paralysée.

Il s'établit alors un duel entre la volonté de tout voir, de ne rien oublier, et la faculté de la mémoire qui a pris l'habitude d'absorber vivement la couleur générale et la silhouette, l'arabesque du contour. Un artiste ayant le sentiment parfait de la forme, mais accoutumé à exercer surtout sa mémoire et son imagination, se trouve alors comme assailli par une émeute de détails, qui tous demandent justice avec la furie d'une foule amoureuse d'égalité absolue. Toute justice se trouve forcément violée ; toute harmonie détruite, sacrifiée ; mainte trivialité devient énorme ; mainte petitesse, usurpatrice. Plus l'artiste se penche avec impartialité vers le détail, plus l'anarchie augmente. Qu'il soit myope ou presbyte, toute hiérarchie et toute subordination disparaissent. C'est un accident qui se présente souvent dans les œuvres d'un de nos peintres les plus en vogue, dont les défauts d'ailleurs sont si bien appropriés aux défauts de la foule, qu'ils ont singulièrement servi sa popularité[42]. La même analogie se fait deviner dans la pratique de l'art du comédien, art si mystérieux, si profond, tombé aujourd'hui dans la confusion des décadences. M. Frédérick-Lemaître compose un rôle avec l'ampleur et la largeur du génie. Si étoilé que soit son jeu de détails lumineux, il reste toujours synthétique et sculptural. M. Bouffé compose les siens avec une minutie de myope et de bureaucrate[43]. En lui tout éclate, mais rien ne se fait voir, rien ne veut être gardé par la mémoire.

Ainsi, dans l'exécution de M. G. se montrent deux choses : l'une, une contention de mémoire résurrectionniste, évocatrice, une mémoire qui dit à chaque chose : « Lazare, lève-toi ! » ; l'autre, un feu, une ivresse de crayon, de pinceau, ressemblant presque à une fureur. C'est la peur de n'aller pas assez vite, de laisser échapper le fantôme avant que la synthèse n'en soit extraite et saisie ; c'est cette terrible peur qui possède tous les grands artistes et qui leur fait désirer si ardemment de s'approprier tous les moyens d'expression, pour que jamais les ordres de l'esprit ne soient altérés par les hésitations de la main ; pour que finalement l'exécution, l'exécution idéale, devienne aussi inconsciente, aussi *coulante* que l'est la digestion pour le cerveau de l'homme bien portant qui a dîné. M. G. commence par de légères indications au crayon, qui ne marquent guère que la place que les objets doivent tenir dans l'espace. Les plans principaux sont indiqués ensuite par des teintes au lavis, des masses vaguement, légèrement colorées d'abord, mais reprises plus tard et chargées successivement de couleurs plus intenses. Au dernier moment, le contour des objets est définitivement cerné par de l'encre. A moins de les avoir vus, on ne se douterait pas des effets surprenants qu'il peut obtenir par cette méthode si simple et presque élémentaire. Elle a cet incomparable avantage, qu'à n'importe quel point de son progrès, chaque dessin a l'air suffisamment fini ; vous nommerez cela une ébauche si vous voulez, mais ébauche parfaite[44]. Toutes les valeurs y sont en pleine harmonie, et s'il les veut pousser plus loin, elles marcheront toujours de front vers le perfectionnement désiré. Il prépare ainsi vingt dessins à la fois avec une pétulance et une joie charmantes, amusantes même pour lui ; les croquis s'empilent et se superposent par dizaines, par centaines, par milliers. De temps à autre il les parcourt, les feuillette, les examine, et puis il en choisit quelques-uns dont il augmente plus ou moins l'intensité, dont il charge les ombres et allume progressivement les lumières.

Il attache une immense importance aux fonds, qui, vigoureux ou légers, sont toujours d'une qualité et d'une nature appropriées aux figures. La gamme des tons et l'harmonie générale sont strictement observées, avec un génie qui dérive plutôt de l'instinct que de l'étude. Car M. G. possède naturellement ce talent mystérieux du coloriste[45], véritable don que l'étude peut accroître, mais qu'elle est, par elle-même, je crois, impuissante à créer. Pour tout dire en un mot, notre singulier artiste exprime à la fois le geste et l'attitude solennelle ou grotesque des êtres et leur explosion lumineuse dans l'espace.

VI
LES ANNALES DE LA GUERRE

La Bulgarie, la Turquie, la Crimée, l'Espagne ont été de grandes fêtes pour les yeux de M. G., ou plutôt de l'artiste imaginaire que nous sommes convenus d'appeler M. G. ; car je me souviens de temps en temps que je me suis promis, pour mieux rassurer sa modestie, de supposer qu'il n'existait pas. J'ai compulsé ces archives de la guerre d'Orient (champs de bataille jonchés de débris funèbres, charrois de matériaux, embarquements de bestiaux et de chevaux), tableaux vivants et surprenants, décalqués sur la vie elle-même, éléments d'un pittoresque précieux que beaucoup de peintres en renom, placés dans les mêmes circonstances, auraient étourdiment négligés ; cependant, de ceux-là j'excepterai volontiers M. Horace Vernet[46], véritable gazetier plutôt que peintre essentiel, avec lequel M. G., artiste plus délicat, a des rapports visibles, si on veut ne le considérer que comme archiviste de la vie. Je puis affirmer que nul journal, nul récit écrit, nul livre, n'exprime aussi bien, dans tous ses détails douloureux et dans sa sinistre ampleur, cette grande épopée de la guerre de Crimée[47]. L'œil se promène tour à tour aux bords du Danube, aux rives du Bosphore, au cap Kerson, dans la plaine de Balaklava, dans les champs d'Inkermann[48], dans les campements anglais, français, turcs et piémontais, dans les rues de Constantinople, dans les hôpitaux et dans toutes les solennités religieuses et militaires.

Une des compositions qui se sont le mieux gravées dans mon esprit est la *Consécration d'un terrain funèbre à Scutari par l'évêque de Gibraltar*[49]. Le caractère pittoresque de la scène, qui consiste dans le contraste de la nature orientale environnante avec les attitudes et les uniformes occidentaux des assistants, est rendu d'une manière saisissante, suggestive et grosse de rêveries. Les soldats et les officiers ont ces airs ineffaçables de *gentlemen*, résolus et discrets, qu'ils portent au bout du monde, jusque dans les garnisons de la colonie du Cap et les établissements de l'Inde : les prêtres anglais font vaguement songer à des huissiers ou à des agents de change qui seraient revêtus de toques et de rabats.

Ici nous sommes à Schumla, chez Omer-Pacha[50] : hospitalité turque, pipes et café ; tous les visiteurs sont rangés sur des divans, ajustant à leurs lèvres des pipes, longues comme des sarbacanes, dont le foyer repose à leurs pieds. Voici les *Kurdes à Scutari*[51], troupes étranges dont l'aspect fait rêver à une invasion de hordes barbares ; voici les bachi-bouzoucks[52], non moins singuliers avec leurs officiers européens, hongrois ou polonais, dont la physionomie de dandies tranche bizarrement sur le caractère baroquement oriental de leurs soldats.

Je rencontre un dessin magnifique où se dresse un seul personnage, gros, robuste, l'air à la fois pensif, insouciant et audacieux ; de grandes bottes lui montent au delà des genoux ; son habit militaire est caché par un lourd et vaste paletot strictement boutonné ; à travers la fumée de son cigare, il regarde l'horizon sinistre et brumeux ; l'un de ses bras blessé est appuyé sur une cravate en sautoir. Au bas, je lis ces mots griffonnés au crayon : *Canrobert on the battle field of Inkermann. Taken on the spot*[53].

Quel est ce cavalier, aux moustaches blanches, d'une physionomie si vivement dessinée, qui, la tête relevée, a l'air de humer la terrible poésie d'un champ de bataille, pendant que son cheval, flairant la terre, cherche son chemin entre les cadavres amoncelés, pieds en l'air, faces crispées, dans des attitudes étranges ? Au bas du dessin, dans un coin, se font lire ces mots : *Myself at Inkermann.*

J'aperçois M. Baraguay-d'Hilliers, avec le Séraskier, passant en revue l'artillerie à Béchickta[54].[g] J'ai rarement vu un portrait militaire plus ressemblant, buriné d'une main plus hardie et plus spirituelle.

Un nom, sinistrement illustre depuis les désastres de Syrie, s'offre à ma vue : *Achmet-Pacha, général en chef à Kalafat, débout devant sa hutte avec son état-major, se fait présenter deux officiers européens.* Malgré l'ampleur de sa bedaine turque, Achmet-Pacha a, dans l'attitude et le visage, le grand air aristocratique qui appartient généralement aux races dominatrices[55].

La bataille de Balaklava se présente plusieurs fois dans ce curieux recueil, et sous différents aspects[56]. Parmi les plus frappants, voici l'historique charge de cavalerie chantée par la trompette héroïque d'Alfred Tennyson, poète de la reine[57] : une foule de cavaliers roulent avec une vitesse prodigieuse jusqu'à l'horizon entre les lourds nuages de l'artillerie. Au fond, le paysage est barré par une ligne de collines verdoyantes.

De temps en temps, des tableaux religieux reposent l'œil attristé par tous ces chaos de poudre et ces turbulences meurtrières. Au milieu de soldats anglais de différentes armes, parmi lesquels éclate le pittoresque uniforme des Écossais enjuponnés, un prêtre anglican lit l'office du dimanche ; trois tambours, dont le premier est supporté par les deux autres, lui servent de pupitre[58].

En vérité, il est difficile à la simple plume de traduire ce poème fait de mille croquis, si vaste et si compliqué, et d'exprimer l'ivresse qui se dégage de tout ce pittoresque, douloureux souvent, mais jamais larmoyant, amassé sur quelques centaines de pages, dont les maculatures et les déchirures disent, à leur manière, le trouble et le tumulte au milieu desquels l'artiste y déposait ses souvenirs de la journée. Vers le soir, le courrier emportait vers Londres les notes et les dessins de M. G., et souvent celui-ci confiait ainsi à la poste plus de dix croquis improvisés sur papier pelure, que les graveurs et les abonnés du journal attendaient impatiemment.

Tantôt apparaissent des ambulances où l'atmosphère elle-même semble malade, triste et lourde ; chaque lit y contient une douleur ; tantôt c'est l'hôpital de Péra, où je vois, causant avec deux sœurs de charité, longues, pâles et droites comme des figures de Lesueur[59], un visiteur au costume négligé, désigné par cette bizarre légende : *My humble self* [60]. Maintenant, sur des sentiers âpres et sinueux, jonchés de quelques débris d'un combat déjà ancien, cheminent lentement des animaux, mulets, ânes ou chevaux, qui portent sur leurs flancs, dans deux grossiers fauteuils, des blessés livides et inertes. Sur de vastes neiges, des chameaux au poitrail majestueux, la tête haute, conduits par des Tartares, traînent des provisions ou des munitions de toute sorte : c'est tout un monde guerrier, vivant, affairé et silencieux ; c'est des campements, des bazars où s'étalent des échantillons de toutes les fournitures, espèces de villes barbares improvisées pour la circonstance. A travers ces baraques, sur ces routes pierreuses ou neigeuses, dans ces défilés, circulent des uniformes de plusieurs nations, plus ou moins endommagés par la guerre ou altérés par l'adjonction de grosses pelisses et de lourdes chaussures.

Il est malheureux que cet album, disséminé maintenant en plusieurs lieux, et dont les pages précieuses ont été retenues par les graveurs chargés de les traduire ou par les rédacteurs de l'*Illustrated London News*, n'ait pas passé sous les yeux de l'Empereur[61]. J'imagine qu'il aurait complaisamment, et non sans attendrissement, examiné les faits et gestes de ses soldats, tous exprimés minutieusement, au jour le jour, depuis les actions les plus éclatantes jusqu'aux occupations les plus triviales de la vie, par cette main de soldat artiste, si ferme et si intelligente.

VII
POMPES ET SOLENNITÉS

La Turquie a fourni aussi à notre cher G. d'admirables motifs de compositions : les fêtes du Baïram[62], splendeurs profondes et ruisselantes, au fond desquelles apparaît, comme un soleil pâle, l'ennui permanent du sultan défunt ; rangés à la gauche du souverain, tous les officiers de l'ordre civil ; à sa droite, tous ceux de l'ordre militaire, dont le premier est Saïd-Pacha, sultan d'Egypte, alors présent à Constantinople ; des cortèges et des pompes solennelles défilant vers la petite mosquée voisine du palais[63], et, parmi ces foules, des fonctionnaires turcs, véritables caricatures de décadence, écrasant leurs magnifiques chevaux sous le poids d'une obésité fantastique ; les lourdes voitures massives, espèces de carrosses à la Louis XIV, dorés et agrémentés par le caprice oriental, d'où jaillissent quelquefois des regards curieusement féminins, dans le strict intervalle que laissent aux yeux les bandes de mousseline collées sur le visage ; les danses frénétiques des baladins du *troisième sexe* (jamais l'expression bouffonne de Balzac[64] ne fut plus applicable que dans le cas présent, car, sous la palpitation de ces lueurs tremblantes, sous l'agitation de ces amples vêtements, sous cet ardent maquillage des joues, des yeux et des sourcils, dans ces gestes hystériques et convulsifs, dans ces longues chevelures flottant sur les reins, il vous serait difficile, pour ne pas dire impossible, de deviner la virilité) ; enfin, les femmes galantes (si toutefois l'on peut prononcer le mot de galanterie à propos de l'Orient), généralement composées de Hongroises, de Valaques, de Juives, de Polonaises, de Grecques et d'Arméniennes ; car, sous un gouvernement despotique, ce sont les races opprimées, et, parmi elles, celles surtout qui ont le plus à souffrir, qui fournissent le plus de sujets à la prostitution. De ces femmes, les unes ont conservé le costume national, les vestes brodées, à manches courtes, l'écharpe tombante, les vastes pantalons, les babouches retroussées, les mousselines rayées ou lamées et tout le clinquant du pays natal[65] ; les autres, et ce sont les plus nombreuses, ont adopté le signe principal de la civilisation, qui, pour une femme, est invariablement la crinoline, en gardant toutefois, dans un coin de leur ajustement, un léger souvenir caractéristique de l'Orient, si bien qu'elles ont l'air de Parisiennes qui auraient voulu se déguiser.

M. G. excelle à peindre le faste des scènes officielles, les pompes et les solennités nationales, non pas froidement, didactiquement, comme les peintres qui ne voient dans ces ouvrages que des corvées lucratives, mais avec toute l'ardeur d'un homme épris d'espace, de perspective, de lumière faisant nappe ou explosion, et s'accrochant en gouttes ou en étincelles aux aspérités des uniformes et des toilettes de cour. *La fête commémorative de l'indépendance dans la cathédrale d'Athènes*[66] fournit un curieux exemple de ce talent. Tous ces petits personnages, dont chacun est si bien à sa place, rendent plus profond l'espace qui les contient. La cathédrale est immense et décorée de tentures solennelles. Le roi Othon[67] et la reine, debout sur une estrade, sont revêtus du costume traditionnel, qu'ils portent avec une aisance merveilleuse, comme pour témoigner de la sincérité de leur adoption et du patriotisme hellénique le plus raffiné. La taille du roi est sanglée comme celle du plus coquet palikare[68], et sa jupe s'évase avec toute l'exagération du dandysme national. En face d'eux s'avance le patriarche, vieillard aux épaules voûtées, à la grande barbe blanche, dont les petits yeux sont protégés par des lunettes vertes, et portant dans tout son être les signes d'un flegme oriental consommé. Tous les personnages qui peuplent cette composition sont des portraits, et l'un des plus curieux, par la bizarrerie de sa physionomie aussi peu hellénique que possible, est celui d'une dame allemande, placée à côté de la reine et attachée à son service.

Dans les collections de M. G., on rencontre souvent l'Empereur des Français, dont il a su réduire la figure, sans nuire à la ressemblance, à un croquis infaillible, et qu'il exécute avec la certitude d'un paraphe. Tantôt l'Empereur passe des revues, lancé au galop de son cheval et accompagné d'officiers dont les traits sont facilement reconnaissables, ou de princes étrangers, européens, asiatiques ou africains, à qui il fait, pour ainsi dire, les honneurs de Paris. Quelquefois il est immobile sur un cheval dont les pieds sont aussi assurés que les quatre pieds d'une table, ayant à sa gauche l'Impératrice en costume d'amazone, et, à sa droite, le petit Prince impérial, chargé d'un bonnet à poils et se tenant militairement sur un petit cheval hérissé comme les poneys que les artistes anglais lancent volontiers dans leurs paysages ; quelquefois disparaissant au milieu d'un tourbillon de lumière et de poussière dans les allées du bois de Boulogne ; d'autres fois se promenant lentement à travers les acclamations du faubourg Saint-Antoine. Une surtout de ces aquarelles m'a ébloui par son caractère magique. Sur le bord d'une loge d'une richesse lourde et princière, l'Impératrice apparaît dans une attitude tranquille et reposée ; l'Empereur se penche légèrement comme pour mieux voir le théâtre ; au-dessous, deux cent-gardes, debout dans une immobilité militaire et presque hiératique, reçoivent sur leur brillant uniforme les éclaboussures de la rampe. Derrière la bande de feu, dans l'atmosphère idéale de la scène, les comédiens chantent, déclament, gesticulent harmonieusement ; de l'autre côté s'étend un abîme de lumière vague, un espace circulaire encombré de figures humaines à tous les étages : c'est le lustre[69] et le public.

Les mouvements populaires, les clubs et les solennités de 1848 avaient également fourni à M. G. une série de compositions pittoresques dont la plupart ont été gravées pour l'*Illustrated London News*. Il y a quelques années, après un séjour en Espagne, très fructueux pour son génie, il composa aussi un album de même nature, dont je n'ai vu que des lambeaux. L'insouciance avec laquelle il donne ou prête ses dessins l'expose souvent à des pertes irréparables.

VIII
LE MILITAIRE

Pour définir une fois de plus le genre de sujets préférés par l'artiste, nous dirons que c'est *la pompe de la vie*, telle qu'elle s'offre dans les capitales du monde civilisé, la pompe de la vie militaire, de la vie élégante, de la vie galante. Notre observateur est toujours exact à son poste, partout où coulent les plaisirs[h] profonds et impétueux, les Orénoques du cœur humain, la guerre, l'amour, le jeu ; partout où s'agitent les fêtes et les fictions qui représentent ces grands éléments de bonheur et d'infortune. Mais il montre une prédilection très marquée pour le militaire, pour le soldat, et je crois que cette affection dérive non seulement des vertus et des qualités qui passent forcément de l'âme du guerrier dans son attitude et sur son visage, mais aussi de la parure voyante dont sa profession le revêt. M. Paul de Molènes a écrit quelques pages aussi charmantes que sensées, sur la coquetterie militaire et sur le sens moral de ces costumes étincelants dont tous les gouvernements se plaisent à habiller leurs troupes[70]. M. G. signerait volontiers ces lignes-là.

Nous avons parlé déjà de l'idiotisme[71] de beauté particulier à chaque époque, et nous avons observé que chaque siècle avait, pour ainsi dire, sa grâce personnelle. La même remarque peut s'appliquer aux professions ; chacune tire sa beauté extérieure des lois morales auxquelles elle est soumise. Dans les unes, cette beauté sera marquée d'énergie, et, dans les autres, elle portera les signes visibles de l'oisiveté. C'est comme l'emblème du caractère, c'est l'estampille de la fatalité. Le militaire, pris en général, a sa beauté, comme le dandy et la femme galante ont la leur, d'un goût essentiellement différent. On trouvera naturel que je néglige les professions où un exercice exclusif et violent déforme les muscles et marque le visage de servitude.

Accoutumé aux surprises, le militaire est difficilement étonné. Le signe particulier de la beauté sera donc, ici, une insouciance martiale, un mélange singulier de placidité et d'audace ; c'est une beauté qui dérive de la nécessité d'être prêt à mourir à chaque minute. Mais le visage du militaire idéal devra être marqué d'une grande simplicité ; car, vivant en commun comme les moines et les écoliers, accoutumés à se décharger des soucis journaliers de la vie sur une paternité abstraite, les soldats sont, en beaucoup de choses, aussi simples que les enfants ; et, comme les enfants, le devoir étant accompli, ils sont faciles à amuser et portés aux divertissements violents. Je ne crois pas exagérer en affirmant que toutes ces considérations morales jaillissent naturellement des croquis et des aquarelles de M. G. Aucun type militaire n'y manque, et tous sont saisis avec une espèce de joie enthousiaste : le vieil officier d'infanterie, sérieux et triste, affligeant son cheval de son obésité ; le joli officier d'état-major, pincé dans sa taille, se dandinant des épaules, se penchant sans timidité sur le fauteuil des dames, et qui, vu de dos, fait penser aux insectes les plus sveltes et les plus élégants ; le zouave et le tirailleur, qui portent dans leur allure un caractère excessif d'audace et d'indépendance, et comme un sentiment plus vif de responsabilité personnelle ; la désinvolture agile et gaie de la cavalerie légère ; la physionomie vaguement professorale et académique des corps spéciaux, comme l'artillerie et le génie, souvent confirmée par l'appareil peu guerrier des lunettes : aucun de ces modèles, aucune de ces nuances ne sont négligés, et tous sont résumés, définis avec le même amour et le même esprit.

J'ai actuellement sous les yeux une de ces compositions d'une physionomie générale vraiment héroïque, qui représente une tête de colonne d'infanterie ; peut-être ces hommes reviennent-ils d'Italie et font-ils une halte sur les boulevards devant l'enthousiasme de la multitude[72] ; peut-être viennent-ils d'accomplir une longue étape sur les routes de la Lombardie ; je ne sais. Ce qui est visible, pleinement intelligible, c'est le caractère ferme, audacieux, même dans sa tranquillité, de tous ces visages hâlés par le soleil, la pluie et le vent.

Voilà bien l'uniformité d'expression créée par l'obéissance et les douleurs supportées en commun, l'air résigné du courage éprouvé par les longues fatigues. Les pantalons retroussés et emprisonnés dans les guêtres, les capotes flétries par la poussière, vaguement décolorées, tout l'équipement enfin a pris lui-même l'indestructible physionomie des êtres qui reviennent de loin et qui ont couru d'étranges aventures. On dirait que tous ces hommes sont plus solidement appuyés sur leurs reins, plus carrément installés sur leurs pieds, plus d'aplomb que ne peuvent l'être les autres hommes. Si Charlet[73], qui fut toujours à la recherche de ce genre de beauté et qui l'a si souvent trouvé, avait vu ce dessin, il en eût été singulièrement frappé.

IX
LE DANDY[74]

L'homme riche, oisif, et qui, même blasé, n'a pas d'autre occupation que de courir à la piste du bonheur[75] ; l'homme élevé dans le luxe et accoutumé dès sa jeunesse à l'obéissance des autres hommes, celui enfin qui n'a pas d'autre profession que l'élégance, jouira toujours, dans tous les temps, d'une physionomie distincte, tout à fait à part. Le dandysme est une institution vague, aussi bizarre que le duel ; très ancienne, puisque César, Catilina, Alcibiade nous en fournissent des types éclatants[76] ; très générale, puisque Chateaubriand l'a trouvée dans les forêts et au bord des lacs du Nouveau-Monde[77]. Le dandysme, qui est une institution en dehors des lois, a des lois rigoureuses auxquelles sont strictement soumis tous ses sujets, quelles que soient d'ailleurs la fougue et l'indépendance de leur caractère. Les romanciers anglais ont, plus que les autres, cultivé le roman de *high life*, et les Français qui, comme M. de Custine[78], ont voulu spécialement écrire des romans d'amour, ont d'abord pris soin, et très judicieusement, de doter leurs personnages de fortunes assez vastes pour payer sans hésitation toutes leurs fantaisies ; ensuite ils les ont dispensés de toute profession. Ces êtres n'ont pas d'autre état que de cultiver l'idée du beau dans leur personne, de satisfaire leurs passions, de sentir et de penser. Ils possèdent ainsi, à leur gré et dans une vaste mesure, le temps et l'argent, sans lesquels la fantaisie, réduite à l'état de rêverie passagère, ne peut guère se traduire en action. Il est malheureusement bien vrai que, sans le loisir et l'argent, l'amour ne peut être qu'une orgie de roturier ou l'accomplissement d'un devoir conjugal. Au lieu du caprice brûlant ou rêveur, il devient une répugnante *utilité*.

Si je parle de l'amour à propos du dandysme, c'est que l'amour est l'occupation naturelle des oisifs. Mais le dandy ne vise pas à l'amour comme but spécial. Si j'ai parlé d'argent, c'est parce que l'argent est indispensable aux gens qui se font un culte de leurs passions ; mais le dandy n'aspire pas à l'argent comme à une chose essentielle ; un crédit indéfini pourrait lui suffire ; il abandonne cette grossière passion aux mortels vulgaires. Le dandysme n'est même pas, comme beaucoup de personnes peu réfléchies paraissent le croire, un goût immodéré de la toilette et de l'élégance matérielle[79]. Ces choses ne sont pour le parfait dandy qu'un symbole de la supériorité aristocratique de son esprit. Aussi, à ses yeux, épris avant tout de *distinction*, la perfection de la toilette consiste-t-elle dans la simplicité absolue, qui est en effet la meilleure manière de se distinguer. Qu'est-ce donc que cette passion qui, devenue doctrine, a fait des adeptes dominateurs, cette institution non écrite qui a formé une caste si hautaine ? C'est avant tout le besoin ardent de se faire une originalité, contenu dans les limites extérieures des convenances. C'est une espèce de culte de soi-même, qui peut survivre à la recherche du bonheur à trouver dans autrui, dans la femme, par exemple ; qui peut survivre même à tout ce qu'on appelle les illusions. C'est le plaisir d'étonner et la satisfaction orgueilleuse de ne jamais être étonné[80]. Un dandy peut être un homme blasé, peut être un homme souffrant ; mais, dans ce dernier cas, il sourira comme le Lacédémonien sous la morsure du renard[81].[i] On voit que, par certains côtés, le dandysme confine au spiritualisme et au stoïcisme. Mais un dandy ne peut jamais être un homme vulgaire. S'il commettait un crime, il ne serait pas déchu peut-être ; mais si ce crime naissait d'une source triviale, le déshonneur serait irréparable. Que le lecteur ne se scandalise pas de cette gravité dans le frivole, et qu'il se souvienne qu'il y a une grandeur dans toutes les folies, une force dans tous les excès. Étrange spiritualisme ! Pour ceux qui en sont à la fois les prêtres et les victimes, toutes les conditions matérielles compliquées auxquelles ils se soumettent, depuis la toilette irréprochable à toute heure du jour et de la nuit jusqu'aux tours de force[j] les plus périlleux du sport, ne sont qu'une gymnastique propre à fortifier la volonté et à discipliner l'âme. En vérité, je n'avais pas tout à fait tort de considérer le dandysme comme une espèce de religion. La règle monastique la plus rigoureuse, l'ordre irrésistible du *Vieux de la Montagne*[82], qui commandait le suicide à ses disciples enivrés, n'étaient pas plus despotiques ni plus obéis que cette doctrine de l'élégance et de l'originalité, qui impose, elle aussi, à ses ambitieux et humbles sectaires, hommes souvent pleins de fougue, de passion, de courage, d'énergie contenue, la terrible formule : *Perinde ac cadaver*[83] *!*

Que ces hommes se fassent nommer raffinés, incroyables, beaux, lions ou dandies[84], tous sont issus d'une même origine ; tous participent du même caractère d'opposition et de révolte ; tous sont des représentants de ce qu'il y a de meilleur dans l'orgueil humain, de ce besoin,[k] trop rare chez ceux d'aujourd'hui, de combattre et de détruire la trivialité. De là naît, chez les dandies, cette attitude hautaine de caste provocante[l], même dans sa froideur. Le dandysme apparaît surtout aux époques transitoires où la démocratie n'est pas encore toute-puissante, où l'aristocratie n'est que partiellement chancelante et avilie. Dans le trouble de ces époques quelques hommes déclassés, dégoûtés, désœuvrés, mais tous riches de force native, peuvent concevoir le projet de fonder une espèce nouvelle d'aristocratie, d'autant plus difficile à rompre qu'elle sera basée sur les facultés les plus précieuses, les plus indestructibles, et sur les dons célestes que le travail et l'argent ne peuvent conférer. Le dandysme est le dernier éclat d'héroïsme dans les décadences ; et le type du dandy retrouvé par le voyageur dans l'Amérique du Nord[85] n'infirme en aucune façon cette idée ;[m] car rien n'empêche de supposer que les tribus que nous nommons *sauvages* soient les débris de grandes civilisations disparues[86]. Le dandysme est un soleil couchant ; comme l'astre qui décline, il est superbe, sans chaleur et plein de mélancolie. Mais, hélas ! la marée montante de la démocratie, qui envahit tout et qui nivelle tout, noie jour à jour ces derniers représentants de l'orgueil humain et verse des flots d'oubli sur les traces de ces prodigieux mirmidons. Les dandies se font chez nous de plus en plus rares, tandis que chez nos voisins, en Angleterre, l'état social et la constitution (la vraie constitution, celle qui s'exprime par les mœurs[87]) laisseront longtemps encore une place aux héritiers de Sheridan, de Brummel et de Byron[88], si toutefois il s'en présente qui en soient dignes.

Ce qui a pu paraître au lecteur une digression n'en est pas une, en vérité. Les considérations et les rêveries morales qui surgissent des dessins d'un artiste sont, dans beaucoup de cas, la meilleure traduction que le critique en puisse faire ; les suggestions font partie d'une idée-mère[n], et, en les montrant successivement, on peut la faire deviner. Ai-je besoin de dire que M. G., quand il crayonne un de ses dandies sur le papier, lui donne toujours son caractère historique, légendaire même, oserais-je dire, s'il n'était pas question du temps présent et de choses considérées généralement comme folâtres ? C'est bien là cette légèreté d'allures, cette certitude de manières, cette simplicité dans l'air de domination, cette façon de porter un habit et de diriger un cheval, ces attitudes toujours calmes mais révélant la force, qui nous font penser, quand notre regard découvre un de ces êtres privilégiés en qui le joli et le redoutable se confondent si mystérieusement : « Voilà peut-être un homme riche, mais plus certainement un Hercule sans emploi. »

Le caractère de beauté du dandy consiste surtout dans l'air froid qui vient de l'inébranlable résolution de ne pas être ému ; on dirait un feu latent qui se fait deviner, qui pourrait mais qui ne veut pas rayonner. C'est ce qui est, dans ces images, parfaitement exprimé.

X
LA FEMME[89]

L'être qui est, pour la plupart des hommes, la source des plus vives, et même, disons le à la honte des voluptés philosophiques, des plus durables jouissances ; l'être vers qui ou au profit de qui tendent tous leurs efforts ; cet être terrible et incommunicable comme Dieu (avec cette différence que l'infini ne se communique pas parce qu'il aveuglerait et écraserait le fini, tandis que l'être dont nous parlons n'est peut-être incompréhensible que parce qu'il n'a rien à communiquer) ; cet être en qui Joseph de Maistre voyait *un bel animal* dont les grâces égayaient et rendaient plus facile le jeu sérieux de la politique[90] ; pour qui et par qui se font et défont les fortunes ; pour qui, mais surtout *par qui* les artistes et les poètes composent leurs plus délicats bijoux ; de qui dérivent les plaisirs les plus énervants et les douleurs les plus fécondantes, la femme, en un mot, n'est pas seulement pour l'artiste en général, et pour M. G. en particulier, la femelle de l'homme. C'est plutôt une divinité, un astre, qui préside à toutes les conceptions du cerveau mâle ; c'est un miroitement de toutes les grâces de la nature condensées dans un seul être ; c'est l'objet de l'admiration et de la curiosité la plus vive que le tableau de la vie puisse offrir au contemplateur. C'est une espèce d'idole, stupide peut-être, mais éblouissante, enchanteresse, qui tient les destinées et les volontés suspendues à ses regards. Ce n'est pas, dis-je, un animal dont les membres, correctement assemblés, fournissent un parfait exemple d'harmonie ; ce n'est même pas le type de beauté pure, tel que peut le rêver le sculpteur dans ses plus sévères méditations ; non, ce ne serait pas encore suffisant pour en expliquer le mystérieux et complexe enchantement. Nous n'avons que faire ici de Winckelman[91] et de Raphaël ; et je suis bien sûr que M. G., malgré toute l'étendue de son intelligence (cela soit dit sans lui faire injure), négligerait un morceau de la statuaire antique, s'il lui fallait ainsi perdre l'occasion de savourer un portrait de Reynolds ou de Lawrence[92]. Tout ce qui orne la femme, tout ce qui sert à illustrer sa beauté, fait partie d'elle-même ; et les artistes qui se sont particulièrement appliqués à l'étude de cet être énigmatique raffolent autant de tout le *mundus muliebris*[93] que de la femme elle-même. La femme est sans doute une lumière, un regard, une invitation au bonheur[94], une parole quelquefois ; mais elle est surtout une harmonie générale, non seulement dans son allure et le mouvement des ses membres, mais aussi dans les mousselines, les gazes, les vastes et chatoyantes nuées d'étoffes dont elle s'enveloppe, et qui sont comme les attributs et le piédestal de sa divinité ; dans le métal et le minéral qui serpentent autour de ses bras et de son cou, qui ajoutent leurs étincelles au feu de ses regards, ou qui jasent doucement à ses oreilles. Quel poète oserait, dans la peinture du plaisir causé par l'apparition d'une beauté, séparer la femme de son costume ? Quel est l'homme qui, dans la rue, au théâtre, au bois, n'a pas joui, de la manière la plus désintéressée, d'une toilette savamment composée, et n'en a pas emporté une image inséparable de la beauté de celle à qui elle appartenait, faisant ainsi des deux, de la femme et de la robe, une totalité indivisible ? C'est ici le lieu, ce me semble, de revenir sur certaines questions relatives à la mode et à la parure, que je n'ai fait qu'effleurer au commencement de cette étude, et de venger l'art de la toilette des ineptes calomnies dont l'accablent certains amants très équivoques de la nature.

XI
ÉLOGE DU MAQUILLAGE[95]

Il est une chanson, tellement triviale et inepte qu'on ne peut guère la citer dans un travail qui a quelques prétentions au sérieux, mais qui traduit fort bien, en style de vaudevilliste, l'esthétique des gens qui ne pensent pas. *La nature embellit la beauté*[96] *!* Il est présumable que le *poète*, s'il avait pu parler en français, aurait dit : *La simplicité embellit la beauté !* ce qui équivaut à cette *vérité*, d'un genre tout à fait inattendu : Le *rien* embellit ce qui est.

La plupart des erreurs relatives au beau naissent de la fausse conception du XVIIIe siècle relative à la morale. La nature fut prise dans ce temps-là comme base, source et type de tout bien et de tout beau possibles. La négation du péché originel ne fut pas pour peu de chose dans l'aveuglement général de cette époque[97]. Si toutefois nous consentons à en référer simplement au fait visible ; à l'expérience de tous les âges et à la *Gazette des Tribunaux*[98], nous verrons que la nature n'enseigne rien, ou presque rien, c'est-à-dire qu'elle *contraint* l'homme à dormir, à boire, à manger, et à se garantir, tant bien que mal, contre les hostilités de l'atmosphère. C'est elle aussi qui pousse l'homme à tuer son semblable, à le manger, à le séquestrer, à le torturer ; car, sitôt que nous sortons de l'ordre des nécessités et des besoins pour entrer dans celui du luxe et des plaisirs, nous voyons que la nature ne peut conseiller que le crime. C'est cette infaillible nature qui a créé le parricide et l'anthropophagie, et mille autres abominations que la pudeur et la délicatesse nous empêchent de nommer. C'est la philosophie (je parle de la bonne), c'est la religion qui nous ordonne de nourrir des parents pauvres et infirmes. La nature (qui n'est pas autre chose que la voix de notre intérêt) nous commande de les assommer. Passez en revue, analysez tout ce qui est naturel, toutes les actions et les désirs du pur homme naturel, vous ne trouverez rien que d'affreux. Tout ce qui est beau et noble est le résultat de la raison et du calcul. Le crime, dont l'animal humain a puisé le goût dans le ventre de sa mère, est originellement naturel. La vertu, au contraire, est *artificielle*, surnaturelle, puisqu'il a fallu, dans tous les temps et chez toutes les nations, des dieux et des prophètes pour l'enseigner à l'humanité animalisée, et que l'homme, *seul*, eût été impuissant à la découvrir. Le mal se fait sans effort, *naturellement*, par fatalité ; le bien est toujours le produit d'un art[99]. Tout ce que je dis de la nature comme mauvaise conseillère en matière de morale, et de la raison comme véritable rédemptrice et réformatrice, peut être transporté dans l'ordre du beau. Je suis ainsi conduit à regarder la parure comme un des signes de la noblesse primitive de l'âme humaine. Les races que notre civilisation, confuse et pervertie, traite volontiers de sauvages, avec un orgueil et une fatuité tout à fait risibles, comprennent, aussi bien que l'enfant, la haute spiritualité de la toilette. Le sauvage et le baby témoignent, par leur aspiration naïve vers le brillant, vers les plumages bariolés, les étoffes chatoyantes, vers la majesté superlative des formes artificielles, de leur dégoût pour le réel, et prouvent ainsi, à leur insu, l'immatérialité de leur âme. Malheur à celui qui, comme Louis XV (qui fut non le produit d'une vraie civilisation, mais d'une récurrence de barbarie) pousse la dépravation jusqu'à ne plus goûter que la *simple nature* * !

La mode doit donc être considérée comme un symptôme du goût de l'idéal surnageant dans le cerveau humain au-dessus de tout ce que la vie naturelle y accumule de grossier, de terrestre et d'immonde, comme une déformation sublime de la nature, ou plutôt comme un essai permanent et successif de réformation de la nature. Aussi a-t-on sensément fait observer (sans en découvrir la raison) que toutes les modes sont charmantes, c'est-à-dire relativement charmantes, chacune étant un effort nouveau, plus ou moins heureux, vers le beau, une approximation quelconque d'un idéal dont le désir titille sans cesse l'esprit humain non satisfait. Mais les modes ne doivent pas être, si l'on veut les bien goûter°, considérées comme choses mortes ; autant vaudrait admirer les défroques suspendues, lâches et inertes comme la peau de saint Barthélemy[100], dans l'armoire d'un fripier. Il faut se les figurer vitalisées, vivifiées par les belles femmes qui les portèrent. Seulement ainsi on en comprendra le sens et l'esprit. Si donc l'aphorisme : *Toutes les modes sont charmantes*, vous choque comme trop absolu, dites, et vous serez sûr de ne pas vous tromper : Toutes furent légitimement charmantes.

La femme est bien dans son droit, et même elle accomplit une espèce de devoir en s'appliquant à paraître magique et surnaturelle ; il faut qu'elle étonne, qu'elle charme ; idole, elle doit se dorer pour être adorée[101]. Elle doit donc emprunter à tous les arts les moyens de s'élever au-dessus de la nature pour mieux subjuguer les cœurs et frapper les esprits. Il importe fort peu que la ruse et l'artifice soient connus de tous, si le succès en est certain et l'effet toujours irrésistible. C'est dans

* On sait que Mme Dubarry, quand elle voulait éviter de recevoir le roi, avait soin de mettre du rouge. C'était un signe suffisant. Elle fermait ainsi sa porte. C'était en s'embellissant qu'elle faisait fuir ce royal disciple de la nature.

ces considérations que l'artiste philosophe trouvera facilement la légitimation de toutes les pratiques employées dans tous les temps par les femmes pour consolider et diviniser, pour ainsi dire, leur fragile beauté. L'énumération en serait innombrable ; mais, pour nous restreindre à ce que notre temps appelle vulgairement *maquillage*, qui ne voit que l'usage de la poudre de riz, si niaisement anathématisé par les philosophes candides, a pour but et pour résultat de faire disparaître du teint toutes les taches que la nature y a outrageusement semées, et de créer une unité abstraite dans le grain et la couleur de la peau, laquelle unité, comme celle produite par le maillot, rapproche immédiatement l'être humain de la statue, c'est-à-dire d'un être divin et supérieur ? Quant au noir artificiel qui cerne l'œil et au rouge qui marque la partie supérieure de la joue, bien que l'usage en soit tiré du même principe, du besoin de surpasser la nature, le résultat est fait pour satisfaire à un besoin tout opposé. Le rouge et le noir représentent la vie, une vie surnaturelle et excessive ; ce cadre noir rend le regard plus profond et plus singulier, donne à l'œil une apparence plus décidée de fenêtre ouverte sur l'infini ; le rouge, qui enflamme la pommette, augmente encore la clarté de la prunelle et ajoute à un beau visage féminin la passion mystérieuse de la prêtresse.

Ainsi, si je suis bien compris, la peinture du visage ne doit pas être employée dans le but vulgaire, inavouable, d'imiter la belle nature, et de rivaliser avec la jeunesse. On a d'ailleurs observé que l'artifice n'embellissait pas la laideur et ne pouvait servir que la beauté. Qui oserait assigner à l'art la fonction stérile d'imiter la pure nature ? Le maquillage n'a pas à se cacher, à éviter de se laisser deviner ; il peut, au contraire, s'étaler, sinon avec affectation, au moins avec une espèce de candeur.

Je permets volontiers à ceux-là que leur lourde gravité empêche de chercher le beau jusque dans ses plus minutieuses manifestations, de rire de mes réflexions et d'en accuser la puérile solennité ; leur jugement austère n'a rien qui me touche ; je me contenterai d'en appeler auprès des véritables artistes, ainsi que des femmes qui ont reçu en naissant une étincelle de ce feu sacré dont elles voudraient s'illuminer tout entières.

XII
LES FEMMES ET LES FILLES

Ainsi M. G., s'étant imposé la tâche de chercher et d'expliquer la beauté dans la *modernité*, représente volontiers des femmes très parées et embellies par toutes les pompes artificielles, à quelque ordre de la société qu'elles appartiennent. D'ailleurs, dans la collection de ses œuvres comme dans le fourmillement de la vie humaine, les différences de caste et de race, sous quelque appareil de luxe que les sujets se présentent, sautent immédiatement à l'œil du spectateur.

Tantôt, frappées par la clarté diffuse d'une salle de spectacle, recevant et renvoyant la lumière avec leurs yeux, avec leurs bijoux, avec leurs épaules, apparaissent, resplendissantes comme des portraits dans la loge qui leur sert de cadre, des jeunes filles du meilleur monde. Les unes, graves et sérieuses, les autres, blondes et évaporées. Les unes étalent avec une insouciance aristocratique une gorge précoce, les autres montrent avec candeur une poitrine garçonnière. Elles ont l'éventail aux dents, l'œil vague ou fixe ; elles sont théâtrales et solennelles comme le drame ou l'opéra qu'elles font semblant d'écouter.

Tantôt, nous voyons se promener nonchalamment dans les allées des jardins publics[q] d'élégantes familles, les femmes se traînant avec un air tranquille au bras de leurs maris, dont l'air solide et satisfait révèle une fortune faite et le contentement de soi-même. Ici,[r] l'apparence cossue remplace la distinction sublime. De petites filles maigrelettes, avec d'amples jupons, et ressemblant par leurs gestes et leur tournure à de petites femmes, sautent à la corde, jouent au cerceau ou se rendent des visites en plein air, répétant ainsi la comédie donnée à domicile par leurs parents[102].

Émergeant d'un monde inférieur, fières d'apparaître enfin au soleil de la rampe, des filles de petits théâtres, minces, fragiles, adolescentes encore, secouent sur leurs formes virginales et maladives des travestissements absurdes, qui ne sont d'aucun temps et qui font leur joie.

À la porte d'un café, s'appuyant aux vitres illuminées par devant et par derrière, s'étale un de ces imbéciles, dont l'élégance est faite par son tailleur et la tête par son coiffeur. À côté de lui, les pieds soutenus par l'indispensable tabouret, est assise sa maîtresse, grande drôlesse à qui il ne manque presque rien (ce presque rien, c'est presque tout, c'est la distinction) pour ressembler à une grande dame. Comme son joli compagnon, elle a tout l'orifice de sa petite bouche occupé par un cigare disproportionné. Ces deux êtres ne pensent pas. Est-il bien sûr même qu'ils regardent ? à moins que, Narcisses de l'imbécillité, ils ne contemplent la foule comme un fleuve qui leur rend leur image. En réalité, ils existent bien plutôt pour le plaisir de l'observateur que pour leur plaisir propre.

Voici, maintenant, ouvrant leurs galeries pleines de lumière et de mouvement, ces Valentinos, ces Casinos, ces Prados (autrefois des Tivolis, des Idalies, des Folies, des Paphos[103]), ces capharnaüms où l'exubérance de la jeunesse fainéante se donne carrière. Des femmes qui ont exagéré la mode jusqu'à en altérer la grâce et en détruire l'intention, balayent fastueusement les parquets avec la queue de leurs robes et la pointe de leurs châles ; elles vont, elles viennent, passent et repassent ; ouvrant un œil étonné comme celui des animaux, ayant l'air de ne rien voir, mais examinant tout.

Sur un fond d'une lumière infernale ou sur un fond d'aurore boréale, rouge, orangé, sulfureux, rose (le rose révélant une idée d'extase dans la frivolité), quelquefois violet (couleur affectionnée des chanoinesses[104], braise qui s'éteint derrière un rideau d'azur), sur ces fonds magiques, imitant diversement les feux de Bengale, s'enlève l'image variée de la beauté interlope. Ici majestueuse, là légère, tantôt svelte, grêle même, tantôt cyclopéenne[s], tantôt petite et pétillante, tantôt lourde et monumentale. Elle a inventé une élégance provocante[t] et barbare, ou bien elle vise, avec plus ou moins de bonheur, à la simplicité usitée dans un meilleur monde. Elle s'avance, glisse, danse, roule avec son poids de jupons brodés qui lui sert à la fois de piédestal et de balancier ; elle darde son regard sous son chapeau, comme un portrait dans son cadre. Elle représente bien la sauvagerie dans la civilisation. Elle a sa beauté qui lui vient du Mal, toujours dénuée de spiritualité, mais quelquefois teintée d'une fatigue qui joue la mélancolie. Elle porte le regard à l'horizon, comme la bête de proie ; même égarement, même distraction indolente, et aussi, parfois, même fixité d'attention. Type de bohème errant sur les confins d'une société régulière, la trivialité de sa vie, qui est une vie de ruse et de combat, se fait fatalement jour à travers son enveloppe d'apparat. On peut lui appliquer justement ces paroles du maître inimitable, de La Bruyère : « Il y a dans quelques femmes une grandeur artificielle attachée au mouvement des yeux, à un air de tête, aux façons de marcher, et qui ne va pas plus loin[105]. »

Les considérations relatives à la courtisane peuvent, jusqu'à un certain point, s'appliquer à la comédienne ; car, elle aussi, elle est une créature d'apparat, un objet de plaisir public. Mais ici la conquête, la proie, est d'une nature plus noble, plus spirituelle. Il s'agit d'obtenir la faveur générale, non pas seulement par la pure beauté physique, mais aussi par des talents de l'ordre le plus rare. Si par un côté la comédienne touche à la courtisane, par l'autre elle confine au poète. N'oublions pas qu'en dehors de la beauté naturelle, et même de l'artificielle, il y a dans tous les êtres un idiotisme[106] de métier, une caractéristique qui peut se traduire physiquement en laideur, mais aussi en une sorte de beauté professionnelle.

Dans cette galerie immense de la vie de Londres et de la vie de Paris, nous rencontrons les différents types de la femme errante, de la femme révoltée à tous les étages : d'abord la femme galante, dans sa première fleur, visant aux airs patriciens, fière à la fois de sa jeunesse et de son luxe, où elle met tout son génie et toute son âme, retroussant délicatement avec deux doigts un large pan du satin, de la soie ou du velours qui flotte autour d'elle, et posant en avant son pied pointu dont la chaussure trop ornée suffirait à la dénoncer, à défaut de l'emphase un peu vive de toute sa toilette ; en suivant l'échelle, nous descendons jusqu'à ces esclaves qui sont confinées dans des[u] bouges, souvent décorés comme des cafés ; malheureuses placées sous la plus avare tutelle, et qui ne possèdent rien en propre, pas même l'excentrique parure qui sert de condiment à leur beauté.

Parmi celles-là, les unes, exemples d'une fatuité innocente et monstrueuse, portent dans leurs têtes et dans leurs regards, audacieusement levés, le bonheur évident d'exister (en vérité pourquoi ?). Parfois elles trouvent, sans les chercher, des poses d'une audace et d'une noblesse qui enchanteraient le statuaire le plus délicat, si le statuaire moderne avait le courage et l'esprit de ramasser la noblesse partout, même dans la fange ; d'autres fois elles se montrent prostrées dans des attitudes désespérées d'ennui, dans des indolences d'estaminet, d'un cynisme masculin, fumant des cigarettes pour tuer le temps, avec la résignation du fatalisme oriental ; étalées, vautrées sur des canapés, la jupe arrondie par derrière et par devant en un double éventail, ou accrochées en équilibre sur des tabourets et des chaises ; lourdes, mornes, stupides, extravagantes, avec des yeux vernis par l'eau-de-vie et des fronts bombés par l'entêtement. Nous sommes descendus jusqu'au dernier degré de la spirale, jusqu'à la *fœmina simplex* du satirique latin[107]. Tantôt nous voyons se dessiner, sur le fond d'une atmosphère où l'alcool et le tabac ont mêlé leurs vapeurs, le maigreur enflammée de la phtisie[v] ou les rondeurs de l'adiposité, cette hideuse santé de la fainéantise. Dans un chaos brumeux et doré, non soupçonné par les chastetés indigentes, s'agitent et se convulsent des nymphes macabres et des poupées vivantes dont l'œil enfantin laisse échapper une clarté sinistre ; cependant que derrière un comptoir, chargé de bouteilles de liqueurs,[x] se prélasse une grosse mégère dont la tête, serrée dans un sale foulard qui dessine sur le mur l'ombre de ses pointes sataniques, fait penser que tout ce qui est voué au Mal est condamné à porter des cornes.

En vérité, ce n'est pas plus pour complaire au lecteur que pour le scandaliser que j'ai étalé devant ses yeux de pareilles images ; dans l'un ou l'autre cas, c'eût été lui manquer de respect. Ce qui les rend précieuses et les consacre, c'est les innombrables pensées qu'elles font naître, généralement sévères et noires. Mais si, par hasard, quelqu'un mal avisé[y] cherchait, dans ces compositions de M. G., disséminées un peu partout, l'occasion de satisfaire une malsaine curiosité, je le préviens charitablement qu'il n'y trouvera rien de ce qui peut exciter une imagination malade. Il ne rencontrera rien que le vice inévitable, c'est-à-dire le regard du démon embusqué dans les ténèbres, ou l'épaule de Messaline miroitant sous le gaz ; rien que l'art pur, c'est-à-dire la beauté particulière du mal, le beau dans l'horrible[108]. Et même, pour le redire en passant, la sensation générale qui émane de tout ce capharnaüm contient plus de tristesse que de drôlerie. Ce qui fait la beauté particulière de ces images, c'est leur fécondité morale. Elles sont grosses de suggestions, mais de suggestions cruelles, âpres, que ma plume, bien qu'accoutumée à lutter contre les représentations plastiques, n'a peut-être traduites qu'insuffisamment.

XIII
LES VOITURES

Ainsi se continuent, coupées par d'innombrables embranchements, ces longues galeries du *high life* et du *low life*[109]. Émigrons pour quelques instants vers un monde, sinon pur, au moins plus raffiné ; respirons des parfums, non pas plus salutaires peut-être, mais plus délicats. J'ai déjà dit que le pinceau de M. G., comme celui d'Eugène Lami[110], était merveilleusement propre à représenter les pompes du dandysme et l'élégance de la lionnerie[111]. Les attitudes du riche lui sont familières ; il sait, d'un trait de plume léger, avec une certitude qui n'est jamais en défaut, représenter la certitude de regard, de geste et de pose qui, chez les êtres privilégiés, est le résultat de la monotonie dans le bonheur. Dans cette série particulière de dessins se reproduisent sous mille aspects les incidents du sport, des courses, des chasses, des promenades dans les bois, les *ladies* orgueilleuses, les frêles *misses*, conduisant d'une main sûre des coursiers d'une pureté de galbe admirable, coquets, brillants, capricieux eux-mêmes comme des femmes. Car M. G. connaît non seulement le cheval général, mais s'applique aussi heureusement à exprimer la beauté personnelle des chevaux. Tantôt ce sont des haltes et, pour ainsi dire, des campements de voitures nombreuses, d'où, hissés sur les coussins, sur les sièges, sur les impériales[112], des jeunes gens sveltes et des femmes accoutrées des costumes excentriques autorisés par la saison, assistent à quelque solennité du turf qui file dans le lointain ; tantôt un cavalier galope gracieusement à côté d'une calèche découverte, et son cheval a l'air, par ses courbettes, de saluer à sa manière. La voiture emporte au grand trot, dans une allée zébrée d'ombre et de lumière, les beautés couchées comme dans une nacelle, indolentes, écoutant vaguement les galanteries qui tombent dans leur oreille et se livrant avec paresse au vent de la promenade.

La fourrure ou la mousseline leur monte jusqu'au menton et déborde comme une vague par-dessus la portière. Les domestiques sont raides[z] et perpendiculaires, inertes et se ressemblant tous ; c'est toujours l'effigie monotone et sans relief de la servilité, ponctuelle, disciplinée ; leur caractéristique est de n'en point avoir. Au fond, le bois verdoie ou roussit, poudroie ou s'assombrit, suivant l'heure et la saison. Ses retraites se remplissent de brumes automnales, d'ombres bleues, de rayons jaunes, d'effulgences[113] rosées, ou de minces éclairs qui hachent l'obscurité comme des coups de sabre.

Si les innombrables aquarelles relatives à la guerre d'Orient ne nous avaient pas montré la puissance de M. G. comme paysagiste, celles-ci suffiraient à coup sûr. Mais ici, il ne s'agit plus des terrains déchirés de Crimée, ni des rives théâtrales du Bosphore ; nous retrouvons ces paysages familiers et intimes qui font la parure circulaire d'une grande ville, et où la lumière jette des effets qu'un artiste vraiment romantique ne peut pas dédaigner[114].

Un autre mérite qu'il n'est pas inutile d'observer en ce lieu, c'est la connaissance remarquable du harnais et de la carrosserie. M. G. dessine et peint une voiture, et toutes les espèces de voitures, avec le même soin et la même aisance qu'un peintre de marines consommé tous les genres de navires. Toute sa carrosserie est parfaitement orthodoxe ; chaque partie est à sa place et rien n'est à reprendre. Dans quelque attitude qu'elle soit jetée, avec quelque allure qu'elle soit lancée, une voiture, comme un vaisseau, emprunte au mouvement une grâce mystérieuse et complexe très difficile à sténographier. Le plaisir que l'œil de l'artiste en reçoit est tiré, ce semble, de la série de figures géométriques que cet objet, déjà si compliqué, navire ou carrosse, engendre successivement et rapidement dans l'espace[115].

Nous pouvons parier à coup sûr que, dans peu d'années, les dessins de M. G. deviendront des archives précieuses de la vie civilisée. Ses œuvres seront recherchées par les curieux autant que celles des Debucourt, des Moreau, des Saint-Aubin, des Carle Vernet, des Lami, des Devéria, des Gavarni[116], et de tous ces artistes exquis qui, pour n'avoir peint que le familier et le joli, n'en sont pas moins, à leur manière, de sérieux historiens. Plusieurs d'entre eux ont même trop sacrifié au joli et introduit quelquefois dans leurs compositions un *style* classique étranger au sujet ; plusieurs ont arrondi volontairement des angles, aplani les rudesses de la vie, amorti ces fulgurants éclats. Moins adroit qu'eux, M. G. garde un mérite profond qui est bien à lui : il a rempli volontairement une fonction que d'autres artistes dédaignent et qu'il appartenait surtout à un homme du monde de remplir ; il a cherché partout la beauté passagère, fugace, de la vie présente, le caractère de ce que le lecteur nous a permis d'appeler la *modernité*. Souvent bizarre, violent, excessif, mais toujours poétique, il a su concentrer dans ses dessins la saveur amère ou capiteuse du vin de la Vie.

VARIANTES

[a] Dans *L'Art romantique* et dans la Pléiade on lit : « on n'en a pas moins tort ».

[b] Dans *L'Art romantique* et dans la Pléiade on lit : « raidit ».

[c] *L'Art romantique* et la Pléiade omettent : « et une indignation ».

[d] *L'Art romantique* et la Pléiade omettent : « c'est-à-dire plus ou moins despotique ».

[e] *L'Art romantique* et la Pléiade omettent : « une ».

[f] *L'Art romantique* et la Pléiade ajoutent ici « quelques ».

[g] Dans *L'Art romantique* et dans la Pléiade on lit : « Béchichtash ».

[h] Dans l'édition de la Pléiade on lit « désirs » au lieu de « plaisirs », modification due à *L'Art romantique*, probablement par erreur.

[i] Contrairement au texte de *Le Figaro*, un nouveau paragraphe commence ici dans *L'Art romantique* et dans l'édition de la Pléiade. En outre, dans *L'Art romantique* et dans la Pléiade, on lit : « On voit que, par de certains côtés » au lieu de « On voit que, par certains côtés ».

[j] *L'Art romantique* et la Pléiade suppriment « de force ».

[k] Cette virgule, nécessaire, ne figure pas dans l'édition du *Figaro*. Il s'agit d'un ajout dû à *L'Art romantique*.

[l] Dans *Le Figaro* on lit « provoquante », que nous modernisons selon l'édition de la Pléiade.

[m] Dans l'édition de la Pléiade le point-virgule est changé en deux-points.

[n] Dans *L'Art romantique* et dans la Pléiade on lit « idée mère », sans trait d'union.

[o] Dans *L'Art romantique* et dans la Pléiade on lit : « si l'on veut bien les goûter ». Nous laissons l'ordre des mots du *Figaro*.

[p] *L'Art romantique* et la Pléiade omettent « pure ».

[q] *L'Art romantique* et la Pléiade ajoutent ici une virgule qui n'est pas nécessaire.

[r] Cette virgule, en revanche, disparaît mystérieusement dans *L'Art romantique* et dans la Pléiade.

[s] *L'Art romantique* et la Pléiade introduisent ici un point-virgule à la place de la virgule.

[t] Dans *Le Figaro* on lit « provoquante », terme que nous modernisons.

[u] Dans *L'Art romantique* et dans la Pléiade on lit « ces » au lieu de « des ».

[v] Dans *Le Figaro* on lit « Phthisie », que nous modernisons.

[x] *L'Art romantique* et la Pléiade omettent les deux dernières virgules.

[y] Dans *L'Art romantique* et dans la Pléiade on lit : « malavisé ».

[z] Dans *L'Art romantique* et dans la Pléiade on lit : « roides ».

NOTES

I. LE BEAU, LA MODE ET LE BONHEUR

[1] Baudelaire ajouta les titres des chapitres en vue de la publication dans *Le Figaro*. Dans une lettre du 12 novembre 1863, le poète demande à Gustave Bourdin, secrétaire de rédaction et beau-fils de Villemessant, directeur du journal, le dossier du manuscrit, qui pouvait lui être utile afin de les choisir (Baudelaire, *Correspondance*, éd. de C. Pichois, avec la collaboration de J. Ziegler, Bibliothèque de la Pléiade, Gallimard, Paris, 1973 – dorénavant « *Correspondance* » – vol. II, p. 330). Le titre de l'essai est aussi de Baudelaire, même s'il est probable qu'il le changea, *Le Peintre de la modernité*, souvent utilisé dans la correspondance avant la publication, devenant *Le Peintre de la Vie moderne*, peut-être à la suite d'une objection du *Figaro* au terme « modernité », néologisme qui n'était pas dans les dictionnaires de l'époque. En outre, dans le texte du *Figaro*, la *Vie* du titre apparaît avec un V majuscule, comme à la fin de l'essai, contrairement à la graphie des éditions suivantes, lesquelles, à partir de l'édition posthume de *L'Art romantique* (Michel Lévy, Paris, 1869), donnent comme titre *Le Peintre de la* vie *moderne*. La majuscule pouvait avoir une fonction expressive et l'obsession de Baudelaire concernant la typographie de ses œuvres est bien connue. L'essai fut publié en trois parties, les 26 et 29 novembre puis le 3 décembre 1863, dans la moitié inférieure du journal, consacrée au feuilleton. La première partie était précédée de cette présentation de Gustave Bourdin:

« NOTRE FEUILLETON

« La collaboration du *Figaro* s'enrichit d'un écrivain très distingué, M. Charles Baudelaire ; c'est un poète et un critique que nous avons, à diverses reprises, combattu sous ses deux espèces ; – mais nous l'avons souvent dit, et nous ne nous lasserons pas de le répéter, nous ouvrons la porte à tous ceux qui ont du talent, sans engager nos opinions personnelles, ni enchaîner l'indépendance de nos rédacteurs anciens ou nouveaux.

« *Le Peintre de la vie moderne*, étude de haute critique, très curieuse, très fouillée et très originale, fera trois feuilletons ; le rez-de-chaussée de notre journal est ordinairement consacré à des romans ou à des nouvelles, et si nous dérogeons pour cette fois à nos habitudes, c'est avec la persuasion que les lecteurs ne s'en plaindront pas. – G. B. »

Sur le rôle du journal dans le procès des *Fleurs du Mal*, voir la section 2 de notre étude, p. 78.

L'édition posthume de 1869 dans *L'Art romantique*, ajoute la note suivante : « Tout le monde sait qu'il s'agit ici de M. Constantin Guys, dont les merveilleuses aquarelles sont connues et recherchées des amateurs et des artistes. On verra dès les premières pages suivantes pour quels motifs de délicatesse et de déférence Charles Baudelaire s'est abstenu de désigner son ami autrement que par des initiales dans le cours de cette étude. Nous avons respecté dans le texte cette condescendance de Charles Baudelaire, sans revendiquer ailleurs que dans cette note les droits de l'histoire ».

[2] Philibert-Louis Debucourt (1755-1832), artiste contemporain du père de Baudelaire. Les Saint-Aubin étaient les frères et artistes Charles et Gabriel de Saint-Aubin (1721-1786 ; 1724-1780). Baudelaire les mentionne à nouveau à la fin de l'essai. Selon J. A. Hiddleston, Baudelaire devait connaître la *Promenade publique* de Debucourt, ainsi que ses gravures du Palais-Royal et de Frascati, maison de jeu mentionnée dans « Les Petites Vieilles ». Quant aux Saint-Aubin, il pense que c'est plutôt Gabriel qui intéressait Baudelaire : c'était un flâneur excentrique et fou de dessin, comme Guys, et il s'était spécialisé dans les mêmes thèmes : *Jeune Femme montant en carrosse*, *La Réunion du boulevard*, *Spectacles des Tuileries*, etc. (J. A. Hiddleston, « Baudelaire and Constantin Guys », *The Modern Language Review*, 1995, pp. 603-621).

[3] Selon Claude Pichois, il s'agit des gravures de Pierre La Mésangère (1761-1831), chroniqueur de la mode et des mœurs dans des publications comme le *Journal des dames et des modes* (Baudelaire, *Œuvres complètes*, éd. de C. Pichois, Bibliothèque de la Pléiade, Gallimard, Paris, 1976 – dorénavant, « *Œuvres* » – vol. II, p. 1420). Poulet-Malassis avait prêté ces gravures à Baudelaire, qui le remercia le 16 février 1859 :

« Vous ne sauriez croire de quelle utilité pourront m'être ces choses légères, non seulement par les *images*, mais aussi par le *texte* ».

[4] Dans le *Salon de 1846* (*Œuvres*, vol. II, p. 494), Baudelaire avait déjà parlé de la « redingote » et de l'habit noir, qui auraient une beauté politique, expression de l'égalité universelle, ainsi qu'une beauté poétique, expression du deuil perpétuel de son époque.

[5] Nous retrouvons cette idée dans *La Belgique déshabillée*, édition de A. Guyaux, Folio classique, Gallimard, Paris, 1986, p. 258 : « Philosophie de l'histoire de l'architecture, selon moi. Analogies avec les coraux, les madrépores, la formation des continents, et finalement avec les modes de création dans la vie universelle. – Jamais de lacunes. – État permanent de transition ».

[6] Voir le *Salon de 1846* (*Œuvres*, vol. II, p. 493), dans lequel Baudelaire avait écrit : « Toutes les beautés contiennent, comme tous les phénomènes possibles, quelque chose d'éternel et quelque chose de transitoire, – d'absolu et de particulier. La beauté absolue et éternelle n'existe pas, ou plutôt elle n'est qu'une abstraction écrémée à la surface générale des beautés diverses. L'élément particulier de chaque beauté vient des passions, et comme nous avons nos passions particulières, nous avons notre beauté ». La théorie de la beauté relative est une réaction à la théorie de la beauté absolue de Winckelmann, qui reviendra dans l'essai.

[7] L'idée de l'*homo duplex* est de Buffon. Baudelaire la tire de Balzac ou de Joseph de Maistre. Il l'avait reprise dans un compte-rendu d'un volume de contes d'Asselineau (*Œuvres*, vol. II, p. 87).

[8] Voir Stendhal, chapitre XVII de *De l'amour* [1822], Champion, Paris, 1926, vol. I, p. 74, note 1 : « La beauté n'est que la *promesse* du bonheur » ; *Rome, Naples et Florence* [1826], Folio Classique, Gallimard, Paris, 1987, p. 57 : « La beauté n'est, ce me semble, qu'une *promesse de bonheur* » ; *Histoire de la peinture en Italie* [1917], Folio Essais, Gallimard, Paris, 1996, chapitre CX : « La beauté est l'expression d'une certaine manière habituelle de chercher le bonheur ; les passions sont la manière accidentelle ». Baudelaire avait déjà fait allusion à cette pensée de Stendhal dans son *Salon de 1846* et dans *Choix de maximes consolantes sur l'amour* (*Œuvres*, vol. II, p. 420, et vol. I, p. 548).

[9] Dans le *Salon de 1846*. Voir la note 6.

II. LE CROQUIS DE MŒURS

[10] Selon Baudelaire, Delacroix répétait souvent que « la nature n'est qu'un dictionnaire » (*L'Œuvre et la vie de Delacroix*, *Œuvres*, vol. II, p. 747 ; *Salon de 1846*, ibid., p. 433 ; *Salon de 1859*, ibid., pp. 624-625). Ici, Baudelaire utilise la métaphore du dictionnaire pour se référer à la vie moderne dans le Paris du XIXème siècle. Le passage à la modernité est clair : la ville a remplacé la nature des romantiques.

[11] Dans le *Salon caricatural de 1846*, il y avait une caricature dont le titre était : « Vive la lithographie ! » (*Œuvres*, vol. II, p. 519). L'opinion très positive de Baudelaire sur la lithographie contraste avec sa critique radicale de la photographie dans le *Salon de 1859* (*Œuvres*, vol. II, pp. 614-619).

[12] Gavarni (pseudonyme de Sulpice-Guillaume Chevalier, 1804-1866), caricaturiste et peintre. Honoré Daumier (1808-1879), caricaturiste, peintre, sculpteur et fondateur de la peinture de mœurs. Baudelaire avait déjà parlé d'eux dans ses *Salons* et dans *Quelques caricaturistes français* (*Œuvres*, vol. II, pp. 549-555 et 559-560), où il les considère comme des compléments de Balzac. Gavarni était très lié à Balzac ; Daumier avait illustré plusieurs volumes de l'édition Furne (1842-1846) de *La Comédie humaine*.

[13] Avec le dandy et la femme, le flâneur est une figure centrale de l'essai. Baudelaire ne se considérait pas comme un simple flâneur, mais, à l'instar de « M. G. », comme un flâneur qui cherche quelque chose de plus général et profond, c'est-à-dire, un flâneur poète et philosophe. De la même façon, Baudelaire parlera en termes très favorables du dandy, sans pourtant s'identifier complètement à cette figure (cf. la note 24). Sur le flâneur, voir Walter Benjamin, *Charles Baudelaire: Ein Lyriker im Zeitalter des Hochkapitalismus*, en *Gesammelte Schriften*, Suhrkamp, Frankfurt, 1974, pp. 537-569.

[14] Sur Daumier et Gavarni, voir la note 12 ; les autres artistes mentionnés par Baudelaire sont des graveurs et des caricaturistes de son temps : Marie-Achille Devéria (1800-1857) ; Nicolas-Eustache Maurin (1799-1850) ; Pierre Numa Bassaget, connu comme Numa (1802-1872) ; Charles-Emile Wattier (1800-1869) ; Octave Tassaert (1807-1879) ; Louis-Eugène Lami (1800-1890), qui était, selon Baudelaire, « le poète du dandysme officiel » (*Salon de 1846*, *Œuvres*, vol. II, p. 494) ; Joseph Trimolet (1812-1843) ; Charles-Joseph de Villiers Traviès (1804-1859).

III. L'ARTISTE, HOMME DU MONDE, HOMME DES FOULES ET ENFANT

[15] Il s'agit de Constantin Guys, ami de Baudelaire et protagoniste de l'essai. Quant aux motifs du poète pour cacher l'identité de Guys et les raisons possibles de cette décision, voir la section 4 de notre étude, pp. 81-85. Guys était né le 3 décembre 1802 à Flessingue (Vlissingen), dans la province française de Zélande, occupée par Napoléon entre 1795 et 1814, actuellement aux Pays-Bas. Son grand-père avait été vice-consul dans les Dardanelles et son père avait occupé plusieurs postes officiels à Cayenne, en Martinique et à Flessingue. Selon Nadar et les Goncourt, Guys aurait participé à la guerre d'indépendance grecque (1821-1829). En 1835 il arrive à Douvres et s'installe à Londres, où il travaille dans le commerce maritime, puis comme professeur de français et de dessin, et enfin, à partir de 1842, comme dessinateur de l'*Illustrated London News*. Dans une lettre à Gavarni, où il l'invite à collaborer à cette publication, Guys se définit comme « français, artiste, quoique de contrebande » (citée par J. Dufilho, « Constantin Guys: artiste-reporter », *Constantin Guys: Fleurs du mal*, Les Musées de la ville de Paris, Paris, 2002, p. 79). Pour le compte de l'*Illustrated London News*, il voyage en Espagne, en Italie, en Grèce et en Turquie. En 1848 il s'installe à Paris pour rendre compte de la révolution. Entre le 3 mai et le 1er novembre 1851, il est directeur-gérant et éditorialiste de l'*Illustrated London News en français*, édition publiée lors de l'Exposition universelle de Londres. En novembre 1853, il part pour la guerre de Crimée, d'où il revient en août 1855 pour accompagner Herbert Ingram, fondateur et directeur de l'*Illustrated London News*, pendant la visite de la reine Victoria à l'Exposition universelle de Paris. Entre 1857 et 1850, il collabore aussi au *Monde Illustré* et au *Temps illustrateur universel* et partage son temps entre Paris et Londres. Il se lie d'amitié avec Gavarni, Nadar et les Goncourt. En 1859, il rencontre Baudelaire. En 1860, Herbert Ingram meurt dans un naufrage sur le lac Michigan, ce qui met un terme à sa collaboration de Guys avec l'*Illustrated London News*. Baudelaire cherche à l'aider économiquement avec plusieurs projets qui n'aboutissent pas. En 1862, Guys part pour l'Italie. Il s'installe à Rome, puis, à partir de 1864, à Naples. Il se rend à plusieurs reprises à Paris, jusqu'en 1871, où il s'installe définitivement dans la capitale française. En 1885, il est renversé par un carrosse.

Devenu invalide, il est admis à l'hospice Dubois, où il restera jusqu'à sa mort, survenue le 13 mars 1892. Pour d'autres informations sur la vie et l'œuvre de Constantin Guys, voir G. Geffroy, *Constantin Guys, l'historien du Second Empire*, Gallimard, Paris, 1904 ; *Constantin Guys : il pittore della vita moderna*, Savelli, Rome, 1980 ; P. Duflo, *Constantin Guys : Fou de dessin, grand reporter, 1802-1892*, Seydoux, Paris, 1988 ; *Constantin Guys : Fleurs du mal*, ouvrage cité dans cette note.

[16] Nous n'avons pas trouvé cette citation. Dans ses textes de critique d'art, Thackeray ne parle pas de Guys. Il pourrait s'agir d'une mystification de Baudelaire ou de Guys.

[17] Le 12 novembre 1863, Baudelaire écrit à Gustave Bourdin : « N'oubliez pas ceci : c'est que quand même vous pourriez croire qu'on peut jouer à M. Guys de Sainte-Hélène une farce innocente en révélant son nom, le moment serait très mal choisi pour violer sa manie ; M. Guys est tout accablé par un accident de famille » (*Correspondance*, vol. II, p. 330). On ignore la nature de l'accident mentionné par Baudelaire. Sur l'occultation de l'identité de Guys, voir la section 4 de notre étude.

[18] Constantin Guys avait alors 60 ans (en 1863, année de publication de l'essai). Baudelaire en avait 42.

[19] Voir *Mon cœur mis à nu* : « Anecdotes relatives à Émile Douay et à Constantin Guys, détruisant ou plutôt croyant détruire leurs œuvres » (*Œuvres*, vol. I, p. 705).

[20] Il s'agit de l'*Illustrated London News*, pour lequel Guys commença à travailler en 1843. Fondé en 1843 par Herbert Ingram, l'*Illustrated London News*, première publication périodique illustrée, révolutionna le journalisme. En 1848 on en vendait 80.000 exemplaires par semaine, en 1855 200.000 exemplaires. En 1851, profitant de l'Exposition universelle de Paris, Ingram lance l'*Illustrated London News en français*. Guys sera directeur-gérant de cette publication. Il signe plusieurs articles assez critiques à l'égard du régime de Louis-Philippe, ce qui attire sur la revue les foudres de la censure.

[21] Bréda était un quartier populaire de Paris, autour de l'église de Notre-Dame de Lorette, dans lequel habitaient les prostituées appelées *lorettes* (voir la note 35), des artistes bohémiens, et des écrivains comme les frères Goncourt. Le faubourg Saint-Germain était et reste, en revanche, un des quartiers les plus élégants de Paris.

[22] Il s'agit d'une histoire d'Edgar Allan Poe, *The Man of the Crowd*, de 1840. Baudelaire la traduit et la publie en 1855 dans *Le Pays* en l'incluant dans le deuxième volume d'histoires de Poe (*Nouvelles histoires extraordinaires*, Michel Lévy frères, Paris, 1857, p. 52). Voir aussi « Les Foules », poème en prose de Baudelaire inspiré dans la même histoire de Poe (*Œuvres*, vol. I, p. 291).

[23] Toute cette réflexion sur le génie et l'enfance peut être rapprochée du chapitre du même nom dans *Les Paradis artificiels* (*Œuvres*, vol. I, p. 496).

[24] Dans ce passage, le premier sur le dandysme, thème du chapitre IX, Baudelaire dit clairement que M. G. n'est pas un dandy. Si « M. G. » renvoie aussi à Baudelaire, on pourrait en déduire qu'il ne se considérait pas comme un dandy, malgré sa fascination pour le dandysme.

[25] *Confessions*, III, I : « nondum amabam et amare amabam » (« je n'aimais pas encore, mais j'aimais déjà l'amour »).

[26] Ces idées reviendrons dans *Fusées* : « Le plaisir d'être dans les foules est une expression mystérieuse de la jouissance de la multiplication du nombre » (*Œuvres*, vol. I, p. 649).

[27] Tout ce passage rappelle le poème « Les Petites Vieilles » des *Fleurs du Mal* et le poème en prose « Les Veuves » (*Œuvres*, vol. I, pp. 91 et 293).

[28] Expression de Rousseau : « j'ose presque assurer, que l'état de réflexion est un état contre Nature, et que l'homme qui médite est un animal dépravé » (*Discours sur l'origine et les fondements de l'inégalité parmi les hommes*, *Œuvres*, vol. III, Bibliothèque de la Pléiade, Gallimard, Paris, 1964, p. 138). Baudelaire critiquera le mythe du bon sauvage dans le chapitre XI, où il affirme que « la dépravation » c'est de « ne plus goûter *que la simple nature* ». Voir la note 99.

[29] « Le Soleil », deuxième des « Tableaux Parisiens » des *Fleurs du Mal*, probablement écrit à l'époque de la première version du *Peintre de la Vie moderne*, décrit aussi l'écriture du poème comme une « fantasque escrime » (*Œuvres*, vol. I, p. 83).

IV. LA MODERNITÉ

[30] En ce qui concerne la notion de « modernité », voir la section 6 de notre étude, pp. 88-93. Baudelaire a recours à italique et s'en s'excuse. Au temps de Baudelaire, le substantif « modernité » ne figurait pas dans les dictionnaires. C'était un néologisme déjà employé par quelques auteurs : Balzac (dans *La Dernière Fée*, roman de jeunesse publié sous pseudonyme en 1823, et dans la *Physiologie du mariage*, de 1829) dans le sens littéral d'actualité ou de contemporanéité, par opposition à « ancienneté » ; Chateaubriand (dans ses *Mémoires d'outre-tombe* en 1848), dans le même sens, avec des nuances négatives ; dans la version française des *Reisebilder* de Heine, de 1843, aussi avec un sens négatif ; et Théophile Gautier, dans un article du 27 mai 1852 publié dans *La Presse* et dans d'autres articles du 19 et 25 mai 1855, publiés au *Moniteur universel*, dans un contexte artistique, et non plus comme simple synonyme de « contemporanéité » (voir la « Notice » de Claude Pichois, *Œuvres*, vol. II, pp. 1418-1419 ; et L. C. Hamrick, « Gautier as «Seer» of the Origins of Modernity in Baudelaire », in P. A. Ward, sous la direction de, *Baudelaire and the Poetics of Modernity*, Vanderbilt University Press, Nashville, 2001, p. 29). Gautier, cela nous semble capital, utilisera l'expression par rapport à Balzac et il souligne « la modernité absolue de son génie » : « Balzac ne doit rien à l'antiquité ; – pour lui il n'y a ni Grecs ni Romains, et il n'a pas besoin de crier qu'on l'en délivre. Balzac, comme Gavarni, a vu ses contemporains ; et dans l'art, la difficulté suprême c'est de peindre ce qu'on a devant les yeux » (Th. Gautier, « Honoré de Balzac », dans le tome I de l'édition Houssiaux de *La Comédie humaine*, Paris, 1855, p. 6). Ici, le mot prend un sens propre et positif, très proche de celui qu'il aura chez Baudelaire. Suivant la voie ouverte par Gautier, le poète définit et consolide l'usage du terme dans le domaine esthétique. L'insistance de Baudelaire dans l'utilisation de ce néologisme révèle qu'il était conscient de la nouveauté de ses idées, pour lesquelles il fallait trouver une terminologie adaptée. Rappelons que la notion de « modernité » de Baudelaire ne coïncide pas forcément avec les termes voisins anglais, allemand ou espagnol (*modernity*, *modernism*, *die Moderne*, *modernidad*, *modernismo*). Enfin, le *Dictionnaire de l'Académie française* n'a admis ce mot qu'en 2003 (*Journal Officiel – Documents Administratifs*, n° 3, 22 janvier 2003). Le nouveau substantif inclut une définition générale

et une deuxième plus intéressante pour nous : « Notion esthétique introduite par le poète Charles Baudelaire en 1856 : beauté du jamais vu, de l'éphémère et de la mode ». Cela prouve la spécificité de la notion de modernité esthétique créée par Baudelaire, mais ne reflète pas la richesse de la notion baudelairienne de modernité.

[31] Référence aux tableaux aux sujets grec et romain de Jacques-Louis David (1748-1825), peintre officiel de Napoléon.

[32] Catherine de Médicis (1519-1589), épouse d'Henri II de France. Baudelaire se trompe : Véronèse a bien peint les toiles de l'ancienne Venise, mais Rubens ne travailla pas pour Catherine de Médicis, mais pour Marie de Médicis (1573-1642), épouse d'Henri IV et régente. Marie de Médicis fit construire le Palais du Luxembourg à Paris, décoré par Rubens entre 1622 et 1624.

[33] Baudelaire avait déjà critiqué Ingres, le grand rival de Delacroix, en des termes similaires (*Salon de 1859*, *Œuvres*, vol. II, pp. 586-587, 657).

[34] Il pourrait s'agir d'une critique implicite de l'*Olympia* de Manet, déjà achevée lorsque l'essai fut publié : le tableau représente une courtisane moderne et s'inspire du Titien. Baudelaire aurait pu ajouter ce passage au dernier moment. On sait, d'ailleurs, que le poète n'aimait guère l'*Olympia* de Manet. Enfin, Manet s'était aussi inspiré de Raphaël, l'autre peintre mentionné par Baudelaire, pour son *Déjeuner sur l'herbe*.

[35] Contrairement à la *lorette* qui est une jeune femme du demi-monde aux mœurs faciles ; la *biche* est une femme entretenue et élégante du Second Empire ; les deux étaient des courtisanes, mais d'extraction et de condition sociales différentes. Le nom de *lorette* vient de l'église de Notre-Dame de Lorette, dans le quartier de Paris où habitaient ces jeunes femmes. Dans *Quelques caricaturistes français*, Baudelaire dit : « Gavarni a crée la Lorette… » ; « je crois même que c'est lui qui a inventé le mot » (*Œuvres*, vol. II, p. 560). Le poète définit la *lorette* comme « une personne libre » et nous dit que ce n'est « pas la fille entretenue, cette chose de l'Empire » (*ibid.*). Selon Claude Pichois, Nestor Roqueplan aurait aussi contribué à la naissance du type de la *lorette* dans le numéro du 20 janvier 1841 de la revue *Nouvelles à la main* (*Œuvres*, vol. II, p. 1358). Gavarni publia ses portraits de *Lorettes* dans *Le Charivari*, entre 1839 et 1846.

[36] Sur la beauté des navires, voir le passage suivant de *Fusées* : « Je crois que le charme infini et mystérieux qui gît dans la contemplation

d'un navire, et surtout d'un navire en mouvement, tient, dans le premier cas, à la régularité et à la symétrie qui sont un des besoins primordiaux de l'esprit humain, au même degré que la complication et l'harmonie, – et, dans le second cas, à la multiplication successive et à la génération de toutes les courbes et figures imaginaires opérées dans l'espace par les éléments réels de l'objet » (*Œuvres*, vol. I, p. 663).

[37] Antoine Van Dyck (1599-1641), Jacques Courtois, connu comme « Le Bourguignon » (1621-1676) et Adam Frans Van der Meulen (1632-1690) : peintres célèbres de l'école flamande, connus pour leurs tableaux de genre militaire.

[38] Fin de la première partie de l'essai dans *Le Figaro*, avec la signature de Charles Baudelaire et l'ajout : « *La suite au prochain numéro* ».

V. L'ART MNÉMONIQUE

[39] Début de la deuxième partie de l'essai dans *Le Figaro* (29 novembre 1863, nº 917). L'idée de l'art mnémonique se trouve déjà dans le *Salon de 1846* : « l'art est une mnémotechnie du Beau » (*Œuvres*, vol. II, p. 445).

[40] Dans le *Salon de 1845*, Baudelaire avait écrit que Corot était le chef de l'école moderne (*Œuvres*, vol. II, pp. 389-391). Il en reparle dans le *Salon de 1846* (*ibid.*, pp. 481-482) et dans le *Salon de 1859* (ibid., pp. 662-663), en termes beaucoup moins enthousiastes qu'en 1845.

[41] Sur Daumier, voir la note 12.

[42] Il pourrait s'agir d'Ingres. Baudelaire a critiqué ses défauts et ses déformations dans le chapitre précédent et dans d'autres textes.

[43] Frédérick Lemaître (1800-1876), célèbre acteur dramatique français ; Hugues Bouffé (1800-1888), acteur populaire de vaudeville.

[44] Esthétique de l'esquisse. À comparer avec la distinction du *Salon de 1845* entre l'œuvre *faite* et l'œuvre *finie*. Selon Baudelaire, « ce qui est *fait* n'est pas *fini*, et […] une chose très *finie* peut n'être pas *faite* du tout » (*Œuvres*, vol. II, p. 390).

[45] Dans le *Salon de 1846* il y a des réflexions intéressantes concernant les différences entre les coloristes et les dessinateurs.

Le coloriste par excellence serait Delacroix ; le dessinateur, Ingres. Le coloriste travaille avec l'ensemble, avec les grandes masses de couleur, tandis que le dessinateur travaillerait surtout à partir des contours et des lignes. Selon Baudelaire, les « purs dessinateurs sont des philosophes et des abstracteurs de quintessence. Les coloristes sont des poètes épiques » (*Œuvres*, vol. II, p. 426).

VI. LES ANNALES DE LA GUERRE

[46] Baudelaire avait critiqué durement Horace Vernet dans le *Salon de 1846* (*Œuvres*, vol. II, pp. 469 et 470). Ici, son opinion est moins négative.

[47] La guerre de Crimée, entre la Russie, d'une part, et l'empire ottoman, la France, le Royaume-Uni et le Royaume de Piémont-Sardaigne, d'autre part, eut lieu entre 1853 et 1856. Les faits étaient encore récents en 1859, lorsque Baudelaire commence à écrire ces pages. Le théâtre de la guerre déborda la péninsule de Crimée, s'étendant jusqu'au Caucase et à la mer Baltique. Le conflit s'explique par l'affaiblissement et le démembrement de l'empire ottoman, la montée du nationalisme dans ses anciens territoires, l'intervention des puissances européennes et les ambitions expansionnistes de la Russie. La guerre s'achève sur la défaite de la Russie et le Traité de Paris (30 mars 1856), qui assura la survie de l'empire ottoman, le trafic commercial sur le Danube et la consécration de la mer Noire comme zone neutre. Pendant la guerre de Crimée, qui annonce par certains aspects techniques la Grande Guerre, il y eut 640.000 morts. Sur le travail de Guys pour l'*Illustrated London News* pendant le conflit, voir les notes 15 et 20. Guys était un des six artistes envoyés en Crimée par la revue, avec le photographe Roger Fenton. Ce fut la première guerre que le public européen put *voir* dans la presse.

[48] Le cap Kerson est près de Sébastopol, assiégée par les puissances alliées à partir du mois d'octobre de 1854 et prise le 11 septembre de l'année suivante. La bataille de Balaklava, la deuxième de la guerre de Crimée, eut lieu le 25 octobre 1854. La bataille d'Inkermann se déroula le 5 novembre 1854.

[49] Gravure publiée dans l'*Illustrated London News* du 9 juin 1855. Scutari (Uskudar) était la base de l'armée britannique, qui y avait un hôpital.

[50] *Illustrated London News*, 4 mars 1854. Omer-Pacha (1806-1871), commandant en chef de l'armée turque pendant la guerre de Crimée. D'origine croate, Michael Lattas déserta de l'armée autrichienne et se convertit à l'Islam, adoptant le nom d'Omer et occupant plusieurs postes administratifs et militaires pour l'empire ottoman. Il était son représentant dans la conférence internationale de paix de Paris. « Pacha », du turc *pâshâ* (ou *bâshâ*), était le titre officiel de certains hauts fonctionnaires ottomans, par exemple les commandants de l'armée.

[51] *Illustrated London News*, 24 juin 1854.

[52] Des mercenaires employés par l'armée ottomane. Généralement d'origine albanaise ou anatolienne, ils utilisaient leurs propres chevaux et armes, et ne portaient pas d'uniforme. Ils étaient bien connus pour leur manque de discipline et leur brutalité.

[53] « Canrobert dans le champ de bataille d'Inkermann. Fait sur place ». Il s'agit de François Certain Canrobert, maréchal de France (1809-1895), commandant en chef de l'armée française en Crimée entre 1854 et 1855. C'était un personnage hors du commun, apparemment incapable de commander une armée à cause de son indécision et de sa compassion pour les souffrances de ses soldats.

[54] Comte Achille Baraguay-d'Hilliers, général de l'armée française et ancien ambassadeur à Constantinople. « Séraskier » était le titre des généraux de l'armée ottomane. Besiktas est le quartier d'Istanbul où se trouvait l'académie militaire turque.

[55] Ahmed-Pacha était le commandant de l'armée turque à Kalafat, près du Danube, là où eut lieu la première bataille de la guerre de Crimée, le 2 novembre 1853. Le dessin de Guys se trouve au Musée des Arts Décoratifs de Paris.

[56] *Illustrated London News*, 18 et 25 novembre et 23 décembre 1854. Sur cette bataille, voir la note 48.

[57] Allusion à *The Charge of the Light Brigade*, poème de Tennyson.

[58] *Illustrated London News*, 7 avril 1855.

[59] Le peintre Eustache Lesueur, dont Baudelaire avait déjà parlé dans le *Salon de 1859* (*Œuvres*, vol. II, p. 631).

[60] « Votre humble serviteur ». Cette œuvre se trouve au Musée des Arts Décoratifs de Paris.

[61] Napoléon III.

VII. POMPES ET SOLENNITÉS

[62] Il s'agit des fêtes qui marquent la fin du Ramadan.

[63] *Ramadhan à la mosquée de Tophane, Constantinople*, aquarelle qui se trouve au British Museum.

[64] L'expression se trouve dans la quatrième partie de *Splendeurs et misères des courtisanes* (*La Comédie humaine*, édition de Bouteron-Longnon, Conard, Paris, 1912-1939, vol. XVI, p. 179).

[65] Il s'agit de l'aquarelle *Courtisane turque à Galata*, qui se trouve au Louvre.

[66] *Illustrated London News*, 20 mai 1854.

[67] Othon (1815-1867), premier roi de la Grèce moderne. Né en Autriche, il était le fils de Louis Ier de Bavière. Élu roi de Grèce lors de la conférence internationale de Londres de 1832, confirmé par l'Assemblée nationale grecque la même année, et déposé en 1862 à la suite d'une révolte.

[68] Soldat grec de la Guerre d'indépendance.

[69] Le lustre était un objet fétiche pour Baudelaire. Dans *Mon cœur mis à un* il a écrit : « Ce que j'ai toujours trouvé de plus beau dans un théâtre, dans mon enfance et encore maintenant, c'est *le lustre* – un bel objet lumineux, cristallin, compliqué, circulaire et symétrique » (*Œuvres*, vol. I, p. 682).

VIII. LE MILITAIRE

[70] Paul Gaschon de Molènes (1821-1862), écrivain, militaire (notamment pendant la guerre de Crimée), dandy et ami de Baudelaire, qui pensait l'inclure, avec Joseph de Maistre, Barbey d'Aurevilly, Chateaubriand et d'autres, dans un article sur le dandysme littéraire qui restera inachevé. À la mort de Molènes, victime d'un accident de cheval, Baudelaire rédige une nécrologie qui parut dans la *Revue anecdotique* (*Œuvres*, vol. II, p. 215). Claude Pichois remarque que Baudelaire peut se référer à certains chapitres de deux œuvres de Paul de Molènes : *Histoires sentimentales et militaires* et *Commentaires d'un soldat* (*Œuvres*, vol. II, p. 1425).

[71] Les « idiotismes » sont des locutions particulières d'une langue qui ne peuvent pas être traduites littéralement dans une autre.

[72] Il s'agit probablement de la célébration du retour d'Italie de l'armée de Napoléon III, le 15 août 1859.

[73] Nicolas Toussaint Charlet (1792-1845), caricaturiste spécialisé dans des portraits de l'aristocratie et de militaires. Baudelaire l'avait critiqué dans *Quelques caricaturistes français* (*Œuvres*, vol. 2, p. 546) : « C'est un artiste de circonstance et un patriote exclusif, deux empêchements au génie ». Selon Claude Pichois, Delacroix n'avait pas aimé cette critique, et l'opinion plus positive dans *Le Peintre de la Vie moderne* montre la volonté de Baudelaire de se réconcilier avec Delacroix, mort, hélas, avant la publication dans *Le Figaro* (*Œuvres*, vol. II, p. 1425).

IX. LE DANDY

[74] L'une des figures préférées de Baudelaire, à laquelle il voulait consacrer un article. Dans *Fusées* et *Mon cœur mis à nu*, apparaissent plusieurs allusions au dandysme : « La femme est le contraire du Dandy » (*Mon cœur mis à nu*, *Œuvres*, vol. I, p. 677) ; « éternelle supériorité du Dandy » (*ibid.*, p. 682). Ce chapitre du *Peintre de la Vie moderne* constitue le texte le plus complet de Baudelaire sur le dandysme. Il a probablement été rédigé à partir de notes, peut-être des ébauches ou des restes de son projet d'article, ce qui prouverait le fait que Baudelaire ne parle de « M. G. » que dans le dernier paragraphe, et d'une manière un peu forcée, bien qu'il insiste sur le fait qu'il ne s'agit pas d'une digression. Sur le dandysme, la source principale de Baudelaire est *Du dandysme et de George Brummell*, de Barbey d'Aurevilly (éditions Payot & Rivages, Paris, 1997). La première édition date de 1845. En 1861, cet ouvrage fut réédité par Poulet-Malassis. Baudelaire connaissait la première édition et il l'avait déjà cité dans le *Salon de 1846* (*Œuvres*, vol. II, p. 494). Voir également : Roger Kempf, *Dandies : Baudelaire et Cie*, Le Seuil, Paris, 1977 ; M. Lemaire, *Le dandysme de Baudelaire à Mallarmé*, Klincsieck, Paris, 1978.

[75] Langage stendhalien. Voir la note 8.

[76] Dans son ouvrage sur le dandysme, cité dans la note 74, Barbey d'Aurevilly compare Brummell à Alcibiade, dandy *avant la lettre* (pp. 68 et 115). Dans le *Salon de 1846*, Baudelaire avait écrit que le dandysme était un phénomène moderne dû aux circonstances modernes (*Œuvres*, vol. II, p. 494). Maintenant il semble avoir changé d'avis : le dandysme serait une institution très ancienne ; il y aurait toujours eu des dandies.

[77] Référence à *Atala* et *Les Natchez*, de Chateaubriand.

[78] « *High life* » est la vie luxueuse et oisive de la haute société. Astolphe de Custine (1793-1857), romancier, était un des auteurs que Baudelaire voulait inclure dans son article sur le dandysme littéraire. Dans son texte sur *Madame Bovary*, Baudelaire avait parlé ainsi de Custine : « M. de Custine est un sous-genre du génie, un génie dont le dandysme monte jusqu'à l'idéal de la négligence » (*Œuvres*, vol. II, p. 78).

[79] À comparer avec ce que dit Barbey d'Aurevilly dans son ouvrage sur Brummell : « Les esprits qui ne voient les choses que par leur plus petit côté ont imaginé que le dandysme était surtout l'art de la mise, une heureuse et audacieuse dictature en fait de toilette et d'élégance extérieure. Très certainement c'est cela aussi ; mais c'est bien davantage » (cité dans la note 74, p. 44).

[80] Encore une fois, Baudelaire puise cette idée dans l'ouvrage de Barbey d'Aurevilly, qui rappelle que Bolingbroke (1678-1751 ; politicien et écrivain anglais), selon lui le premier dandy, avait comme divise le *nil mirari* (« ne s'étonner de rien ») d'Horace (cité dans la note 74, p. 57).

[81] Référence à une anecdote qui se trouve dans la vie de Lycurgue par Plutarque : un enfant lacédémonien cachait entre ses vêtements un petit renard qu'il avait volé ; il préféra mourir, mordu aux entrailles par l'animal, plutôt qu'être découvert (*Plutarch's Lives*, éd. de Bernadotte Perrin, Heinemann, Londres, 1967, vol. I, pp. 261-262).

[82] Rashid ad-Din as Sinan, chef de la secte des « hachischins » (de l'arabe « hashshash », racine du mot « assassin »). Selon la légende, les membres de cette secte, fondée au XIème siècle, consommaient du haschich pour entrevoir des visions du paradis avant d'attaquer l'ennemi. Marco Polo fut le principal diffuseur de ces histoires d'une véracité douteuse. Baudelaire en avait déjà parlé dans *Les Paradis*

artificiels (*Œuvres*, vol. I, p. 404). Dans sa jeunesse, le poète avait fait partie d'un moderne *club des haschichins* (mangeurs de haschich), avec entre autres, Théophile Gautier, Fernand Boissard, Jean Feuchères, Nerval, Balzac, Daumier, Maryx (Joséphine Bloch). Les réunions du club avaient lieu à l'hôtel Pimodan, ancien hôtel Lauzun, dans lequel Baudelaire loua un appartement entre 1843 et 1845 (sur ce club, voir la notice de Gautier dans le volume I des *Œuvres complètes* de Baudelaire publiées en 1868 par Michel Lévy frères, Paris, pp. 6-9). L'idée suivant laquelle les dandies constituaient une secte se trouve dans Carlyle, *Sartor Resartus* (1833-1834), Oxford University Press, Oxford, 1999, p. 209 : « Dandiacal Sect ». Barbey d'Aurevilly, encore une fois la source principale de Baudelaire, critique Carlyle, lui reprochant de ne pas avoir inclus dans son ouvrage sur les héros, à côté du Héros poète, du Héros Roi, du Héros Prophète, etc., le « Héros de l'élégance oisive – le Héros Dandy» (cité dans la note 74, p. 46).

[83] Ainsi s'achève la deuxième partie de l'essai dans *Le Figaro*, interrompant brusquement le chapitre sur le dandysme, avec la signature de Charles Baudelaire et à nouveau l'annonce : « *La suite au prochain numéro* ». La troisième et dernière partie de l'essai fut publiée dans le n° 918, du 3 décembre 1863. *Perinde ac cadaver* (« Comme un cadavre ») est la formule employée par Ignace de Loyola dans les Constitutions de la Compagnie de Jésus afin d'exiger l'obédience inconditionnelle des membres de l'ordre.

[84] Selon Barbey d'Aurevilly, d'Orsay était bien un « lion », mais pas un vrai dandy ; le dandy serait une invention anglaise. Le « beau », anglais aussi, serait le précurseur direct du dandy (ouvrage cité dans la note 74, p. 85). « Raffinés » et « incroyables » étaient deux autres catégories voisines.

[85] Nouvelle allusion à Chateaubriand. Voir la note 77.

[86] Sur cette question, voir un des essais de Baudelaire sur Poe (*Œuvres*, vol. II, pp. 325-326), dans lequel le poète revendique la figure de l'homme sauvage. Le sauvage serait un homme plus complet, face à la spécialisation de l'homme moderne et civilisé. Il serait, d'ailleurs, un dandy.

[87] Baudelaire emprunte cette idée, lieu commun de la rhétorique contre-révolutionnaire, à Joseph de Maistre (1753-1821), notamment dans ses *Considérations sur la France* (Londres, 1797) et dans l'*Essai sur le*

principe générateur des constitutions politiques et des autres institutions humaines (Paris, 1814). Selon Maistre, l'homme ne peut ni établir ni modifier par écrit la vraie constitution d'une nation, qui serait composée de principes et de règles inaltérables.

[88] Sheridan, Lord Byron et Brummell sont trois des dandies les plus connus.

X. LA FEMME

[90] Claude Pichois pensait que la citation était apocryphe (*Œuvres*, vol. II, p. 1426), mais elle est bien de Joseph de Maistre : « Je suis tout à fait arrivé en Angleterre par le moyen de la dame. Un vieux bonhomme de ministre disait un jour à un de mes amis: «*Souvenez-vous bien, monsieur, que dans toutes les affaires il y a une femme. Quelques fois on ne la voit pas, mais regardez bien, elle y est.*» Je crois qu'il avait raison. Pour moi, je les rencontre volontiers de temps en temps sur ma route, soit par une inclination naturelle pour ce bel animal (inclination dont souvent on ne se rend pas compte à soi même), soit que, dans certaines circonstances, elles soient réellement utiles pour adoucir les aspérités de l'autre sexe et faciliter les affaires, comme une espèce d'huile qui mouille les ressorts d'une machine politique pour les empêcher de s'échauffer et de crier » (*Mémoires politiques et correspondance diplomatique de J. de Maistre*, compilation d'A. Blanc, Librairie nouvelle, Paris, 1858, p. 86). Joseph de Maistre, auteur contre-révolutionnaire chrétien, était, avec Poe, l'un des deux *maîtres à penser* de Baudelaire (*Œuvres*, vol. I, p. 669). Les idées de Maistre étaient profondément misogynes et traditionalistes. Il considérait la femme comme un être inférieur. Son influence sur Baudelaire est évidente dans les opinions du poète sur des sujets tels que la démocratie, la société ou la femme.

[91] Johann Winckelmann (1717-1768), archéologue et historien que popularisa l'art de la Grèce ancienne. Dans son article sur l'Exposition universelle de 1855, Baudelaire avait écrit qu'un Winckelmann moderne serait incapable d'apprécier la beauté des œuvres d'art des cultures non occidentales (*Œuvres*, vol. II, p. 576).

[92] Joshua Reynolds (1723-1792) et Thomas Lawrence (1769-1830), célèbres portraitistes anglais. Dans le *Salon de 1846*, Baudelaire

les présente comme les chefs de l'école romantique avec Rembrandt (*Œuvres*, vol. II, p. 464).

[93] Dans *Les Paradis artificiels*, Baudelaire avait déjà parlé du monde féminin ou *mundus muliebris*, soulignant que le goût précoce pour ce monde est une marque de génie. Sur cette question, voir C. Pichois, « Baudelaire et le «mundus muliebris» », in *Baudelaire : Études et témoignages*, La Baconnière, Neuchâtel, 1967.

[94] À nouveau, expression de Stendhal ; voir la note 8.

XI. ÉLOGE DU MAQUILLAGE

[95] Dans *Mon cœur mis à nu*, Baudelaire parle d'un « chapitre sur *La Toilette*. Moralité de la Toilette. Les Bonheurs de la Toilette » (*Œuvres*, vol. II, p. 694).

[96] Selon J. Crépet (*Œuvres posthumes*, Conard, Paris, vol. I, 1939), la chanson que cite Baudelaire est tirée de l'opéra comique *Marie* (1826), de Hérold, dont l'auteur du livret était E. de Planard : « Et toujours la nature / Embellit la beauté ». Baudelaire l'utilisa aussi dans un vers d'un petit poème de circonstance en réponse à une carte qu'il avait reçue : « Si toujours la nature embellit la beauté » (*Œuvres*, vol. I, p. 209).

[97] Selon Claude Pichois, la rhétorique du péché originel est due à l'influence de Joseph de Maistre, même s'il pense que Maistre ne serait jamais arrivé à ces conclusions (*Œuvres*, vol. II, p. 1427).

[98] Publication que Baudelaire, comme Stendhal, lisait souvent. Dans le *Salon de 1846*, il la présente comme un document représentatif de ce qu'il appelle « l'héroïsme de la vie moderne » (*Œuvres*, vol. II, p. 495).

[99] Cette réflexion est une réaction contre le culte de la nature des romantiques et contre les idées de Rousseau. La source pourrait bien être l'avant-propos de Balzac à *La Comédie humaine* : « L'homme n'est ni bon ni méchant, il naît avec des instincts et des aptitudes ; la Société, loin de le dépraver, comme l'a prétendu Rousseau, le perfectionne, le rend meilleur » (édition Houssiaux, Paris, 1855, tome I, p. 23).

[100] Qui mourut écorché.

[101] À comparer aux vers de « Bénédiction », dans *Les Fleurs du Mal* : « Puisqu'il me trouve assez belle pour m'adorer, / Je ferai le métier des idoles antiques, / Et comme elles je veux me faire redorer » (*Œuvres*, vol. I, p. 8).

XII. LES FEMMES ET LES FILLES

[102] À comparer avec « Morale du joujou », texte dans lequel Baudelaire parle aussi des jeux des petites filles qui imitent leurs mères (*Œuvres*, vol. I, p. 583).

[103] Plusieurs établissements en vogue dans le Paris du Second Empire, de la Restauration et de la Monarchie de Juillet. Le poète et Constantin Guys allaient souvent ensemble au Casino Cadet (C. Pichois et J. Ziegler, *Baudelaire*, Fayard, Paris, édition de 2005, p. 549).

[104] À comparer avec *Fusées* : « De la couleur violette (amour contenu, mystérieux, voilé, couleur de chanoinesse) » (*Œuvres*, vol. I, p. 650).

[105] *Les Caractères*, chapitre IV, « Des femmes » (édition de Julian Benda, Gallimard, Bibliothèque de la Pléiade, Paris, 1951, p. 107).

[106] Voir la note 71.

[107] Référence à la satire VI de Juvénal, vers 327.

[108] Tout ce passage peut être lu comme une revendication rétrospective de la moralité des *Fleurs du Mal.* En fait, Baudelaire reprend les arguments qui avaient été exposés lors du procès.

XIII. LES VOITURES

[109] C'est-à-dire la haute société et les bas-fonds.

[110] Sur Eugène Lami, voir la note 14.

[111] C'est-à-dire l'ensemble des *lions*, antécédents français du dandy. Voir la note 84.

[112] Espace avec des sièges que certaines voitures avaient sur le toit.

[113] Ce mot est une invention de Baudelaire.

[114] Ce passage a de quoi surprendre, car Baudelaire nous dit que Constantin Guys, « peintre de la vie moderne », est aussi « un artiste vraiment romantique ». Peut-on conclure que, pour Baudelaire, la modernité n'exclut ni ne dépasse le romantisme ? La modernité baudelairienne se définit-elle exclusivement selon son objet, la vie moderne ? On est loin, en tout état de cause, de la réification de la modernité dans laquelle sont tombés plusieurs des interprètes de l'essai.

[115] Voir la note 36.

[116] Sur Debucourt et les Saint-Aubin, voir la note 2 ; Jean-Michel Moreau (1741-1814), illustrateur et chroniqueur de la société de son temps ; Charles Horace (dit Carle) Vernet (1758-1835), caricaturiste et graveur, père d'Horace Vernet ; sur Lami et Devéria, voir la note 14 ; sur Gavarni, voir la note 12. Baudelaire avait déjà parlé de Carle Vernet et de Gavarni dans son essai sur quelques caricaturistes français (*Œuvres*, vol. II, p. 544).

SITUATION DU *PEINTRE DE LA VIE MODERNE*

par Silvia Acierno et Julio Baquero Cruz

1. Introduction

Presque tout semble avoir été dit sur *Le Peintre de la Vie moderne*. Certains le considèrent comme «la *summa* de la poétique baudelairienne»[1], ou soulignent la valeur littéraire du « plus grand des poèmes en prose de Baudelaire »[2], d'autres comme un texte critique fondateur dépassant largement le domaine de la peinture, dans lequel Baudelaire aurait inventé le concept complexe de « modernité ». Mais il peut être également vu comme un manifeste, un texte de circonstance, plus modeste et limité dans son intention, voire comme un document allégorique.

Ces lectures du *Peintre de la Vie moderne* reflètent les différentes interprétations de l'œuvre poétique et critique du poète. Ainsi Antoine Compagnon a-t-il identifié plusieurs « Baudelaire » : réaliste, satanique, décadent, symboliste, classique, catholique, moderne, le Baudelaire de Sartre, le Baudelaire textuel de la critique structuraliste, le Baudelaire essentiel et heideggerien d'Yves Bonnefoy, et aussi le poète postmoderne, souvent énigmatique de Walter Benjamin et de ses épigones. Ce foisonnement d'interprétations nous incite à revenir au « Baudelaire littéral »[3] et à relire ces textes sans parti-pris théorique ni idéologique.

Selon Claude Pichois, Baudelaire aurait écrit *Le Peintre de la Vie moderne* entre 1859 et 1860, mais en raison de nombreuses difficultés, n'aurait pu le publier qu'en 1863[4]. En 1859, âgé de trente-huit ans, affaibli par la syphilis et la précarité de sa situation matérielle, Baudelaire est obligé d'écrire des articles pour payer ses dettes. Deux ans auparavant, à l'issue d'un procès retentissant, la première édition des *Fleurs du Mal* a été mise sous séquestre, plusieurs poèmes ont été condamnés, et des amendes ont été infligées à l'éditeur Poulet-Malassis et au poète. Selon Pichois et Ziegler, ce procès aurait humilié et déprimé Baudelaire, tout en lui redonnant des forces pour une nouvelle phase créative qui durera jusqu'en 1861, avant le début de la décadence[5]. C'est l'époque des *Petits poèmes en prose* et des « Tableaux parisiens », qui enrichissent et renouvellent *Les Fleurs du Mal*, et aussi celle de la rédaction du *Peintre de la Vie moderne*.

L'idée de cet essai naît de la rencontre de Baudelaire, qui a vingt ans de moins que lui, avec Constantin Guys[6], modeste artiste qui sera pourtant au centre de sa réflexion esthétique. Leur amitié sera intense et tumultueuse, marquée par une querelle de courte durée en décembre 1859, lorsque Guys apprend que Baudelaire est en train d'écrire un article sur lui[7]. Ils se retrouvent souvent avec Champfleury au Casino Cadet, où Guys avait l'habitude de dessiner. Baudelaire lui achète plusieurs dessins et aquarelles et prétend avoir possédé plus d'une centaine d'œuvres de Guys[8], parmi lesquelles la *Femme turque au parasol* qu'il offrit à sa mère en 1859.

Guys vient de perdre son poste de dessinateur pour l'*Illustrated London News* et vit tant bien que mal de petites commissions et de leçons d'anglais. Pour lui venir en aide, Baudelaire propose en 1860 à Poulet-Malassis et à Ernest Bojou, co-propriétaire de la *Revue anecdotique*, de publier une nouvelle édition des œuvres d'Edgar Poe illustrée par Guys, mais le projet ne verra pas le jour. En février 1861, Baudelaire demande une aide de 500 francs à l'État pour lui et une autre pour Guys[9]. Sa première demande a abouti, mais on ignore le résultat de la seconde.

Baudelaire est fasciné par les dessins, la méthode et le style de son ami, qui lui suggèrent d'innombrables ouvertures dans le domaine de la poésie et lui inspirent une esthétique nouvelle, celle de l'esquisse, de l'instant, dont le pendant littéraire peut se trouver dans quelques-uns des poèmes en prose ou dans certains poèmes des *Fleurs du Mal*, comme « À une passante » ou « Rêve parisien » (ce dernier est d'ailleurs dédié à Constantin Guys)[10].

La correspondance de Baudelaire nous permet de reconstituer l'histoire complexe de la publication de l'essai. Il le propose successivement à *La Presse*, *Le Constitutionnel*, *L'Artiste*, la *Revue européenne*, *L'Illustration*, *La Revue des Deux Mondes*, *Boulevard*, *Le Pays*, *La Vie parisienne*, *Le Nord* et *L'Indépendance belge*. Dans une lettre à sa mère, Baudelaire écrit : « Il va arriver un moment où j'aurai des manuscrits en cinq ou six endroits ; que c'est fatigant ! Et puis toutes les épreuves tomberont à la fois »[11]. Vains espoirs puisque pendant quatre ans personne ne veut de son texte ou bien quand s'il reçoit des acomptes, il n'envoie pas le texte définitif à temps, ou encore, par une sorte de malédiction, la revue disparaît peu avant sa publication.

Novembre 1863 est une date décisive. Baudelaire réclame les épreuves au directeur du *Pays*, qui aurait dû le publier depuis longtemps, prétextant qu'il en a besoin pour donner une conférence à Bruxelles[12]. En réalité il les réclame parce que *Le Figaro*, après quelques échanges avec Gustave Bourdin, secrétaire de rédaction et beau-fils du directeur du journal, s'apprête à publier l'essai. La publication se fera en trois temps, les 26 et 29 novembre puis le 3 décembre 1863. Le directeur du *Pays* est mécontent, mais Baudelaire lui rappelle qu'il attendait la publication depuis deux ans ; il reconnaît néanmoins sa dette – l'acompte reçu – et lui offre en guise de dédommagement d'autres articles[13].

La publication du *Peintre de la Vie moderne* dans *Le Figaro*, avec un texte de présentation de Gustave Bourdin qui rappelle les critiques d'autrefois, dédommage en quelque sorte Baudelaire pour le procès aux *Fleurs du mal.* En effet Bourdin avait écrit un article du 5 juillet 1857 qui, dénonçant l'obscénité de quatre poèmes, avait attiré l'attention du ministre de l'Intérieur. Deux jours plus tard, le procureur général, sur instruction du ministre, avait engagé des poursuites pour délit contre la morale publique. Dans une lettre à Poulet-Malassis du 11 juillet 1857, le poète déclare qu'il est sûr que le procès est dû à l'article publié dans *Le Figaro*[14]. Dernier coup de théâtre avec *Le Figaro* en 1864 : le directeur, Villemessant, interrompra la publication des *Petits poèmes en prose* sous le prétexte suivant : « Vos poèmes ennuyaient tout le monde »[15].

Ces difficultés ont pourtant des retombées positives : le poète retravaille la version primitive de 1859-1860 en ajoutant des idées et de nouveaux chapitres. Cependant le mauvais accueil fait à la deuxième édition des *Fleurs du Mal* en 1861 le remplit d'amertume. Peu après la publication du *Peintre de la Vie moderne*, en avril 1864, Baudelaire part pour Bruxelles, voyage qui ouvre la dernière période de sa vie.

3. Baudelaire critique

L'affirmation selon laquelle Baudelaire serait l' « un des fondateurs de la critique littéraire moderne » et même le « maître de la critique moderne » peut sembler exagérée[16]. Certes, il a parfois des intuitions géniales, mais le plus souvent il se montre partial et passionné[17]. Nous sommes donc d'accord avec Giovanni Macchia, qui lit ses écrits critiques « comme un complément, et souvent un commentaire, du poète »[18]. Cela n'est pas sans rapport avec la vision de Baudelaire, pour lequel l'artiste purement instinctif, sans conscience critique, serait incomplet[19]. Selon Paul Valéry, c'est justement grâce à cette puissante conscience critique que Baudelaire aurait pu dépasser le romantisme : il aurait été capable d'« unir en soi-même aux vertus spontanées d'un poète la sagacité, le scepticisme, l'attention et la faculté raisonneuse d'un critique »[20].

Les textes critiques de Baudelaire sont de qualité inégale, oscillant entre une écriture journalistique influencée par Sainte-Beuve[21], et un style plus original et profond. Souvent, lors du procès des *Fleurs du Mal* notamment, Baudelaire cherche sa protection, dans une attitude à la limite de la servilité. En revanche, dans ses écrits sur Poe, on trouve une critique implicite et une sorte de pastiche de Sainte-Beuve. Lorsqu'il s'écrie que « dans un pays où l'idée d'utilité, la plus hostile du monde à l'idée de beauté, prime et domine toute chose, le parfait critique sera le plus *honorable*, c'est-à-dire celui dont les tendances et les désirs se rapprocheront le plus des tendances et des désirs de son public »[22], il est difficile de ne pas penser à la France de son époque et à Sainte-Beuve. Face à une critique « politiquement correcte », Baudelaire défend la démarche de Poe, qui est aussi la sienne : une critique non utilitariste, moins conformiste et éloignée des goûts de la majorité. Il va jusqu'à affirmer que « les *Causeries du Lundi* d'Edgar Poe auraient peu de chance de plaire à ces Parisiens légers »[23].

Dans un autre passage, il déclare ne pouvoir garder son sérieux en lisant quelques lignes d'un écrivain très apprécié aux États-Unis, dont il dit avoir oublié le nom : « Je viens de relire les ouvrages du regrettable Poe. Quel poète admirable ! quel conteur surprenant ! quel esprit prodigieux et surnaturel ! C'était bien la tête forte de notre pays ! Eh bien ! je donnerais ses soixante-dix contes mystiques, analytiques et grotesques, tous si brillants et pleins d'idées, pour un bon petit livre du foyer, un livre de famille, qu'il aurait pu écrire avec ce style merveilleusement pur qui lui donnait une si grande supériorité sur nous. Combien M. Poe serait plus grand ! » «Demander un livre de famille à Edgar Poe ! », s'écrie Baudelaire, et il ajoute : « Il est donc vrai que la sottise humaine sera la même sous tous les climats, et que le critique voudra toujours attacher de lourds légumes à des arbustes de délectation »[24]. Cette citation semble bien un pastiche de Sainte-Beuve, qui avait tenu des propos similaires sur Stendhal et Balzac.

Ses écrits critiques les plus intéressants sont ceux consacrés à l'art. Très tôt, le *Salon de 1845*, premier d'une série, présente ses théories esthétiques. Ses jugements sont parfois surprenants, car selon Daniel Ternois, il s'intéresse plus à la personnalité de l'artiste qu'aux qualités formelles de son œuvre. Par exemple, il éprouve une admiration sans bornes pour Delacroix, comme s'il éclipsait tous les autres, alors qu'il critique Courbet et Ingres, tout en ignorant son ami Manet. Sa critique d'art serait trop littéraire, trop indulgente avec les peintres d'idées, et aveugle à l'égard des découvertes d'Ingres. En somme, les *Curiosités esthétiques* nous aideraient « à mieux comprendre Baudelaire ; il n'est pas sûr qu'elles nous aident à mieux connaître la peinture française du dix-neuvième siècle »[25].

Dans le domaine de l'art ses enthousiasmes sont généralement sincères, contrairement à ses jugements littéraires[26]. Il écrit par exemple, dans son étude sur Gautier : « Nos voisins disent : Shakespeare et Goethe ! nous pouvons leur répondre : Victor Hugo et Théophile Gautier ! [27]» Mais, au même moment, il écrit une lettre à Hugo dans laquelle il reconnaît « les lacunes de l'étonnant esprit » de Gautier[28]. De même en 1862, après avoir fait l'éloge des *Misérables* dans un article, il écrit à sa mère : « Ce livre est immonde et inepte. J'ai montré, à ce sujet, que je possédais l'art de mentir. Il m'a écrit, pour me remercier, une lettre absolument ridicule. Cela prouve qu'un grand homme peut être un sot[29] ». Ainsi peut-on déceler dans sa critique littéraire une certaine dose d'hypocrisie et de jalousie. Il est moins réservé, lorsqu'il écrit sur la peinture, la sculpture ou la musique, moins diplomate et beaucoup plus sincère, aussi bien dans ses enthousiasmes inconditionnels que dans ses critiques, comme le révèle ce passage sur Horace Vernet : « Je hais cet homme parce que ses tableaux ne sont point de la peinture, mais une masturbation agile et fréquente, une irritation de l'épiderme français » ; il serait « l'antithèse absolue de l'artiste »[30]. Cependant, il n'est pas aisé de distinguer la critique littéraire de la critique artistique, car les méthodes qu'il loue en peinture, par exemple, sont des *traductions* de celles qu'il voudrait appliquer à son œuvre littéraire. Comme dans le dernier des *Petits poèmes en prose*, le peintre se dépouille souvent « de son gilet en faveur du poète »[31]. L'unité essentielle des arts aurait alors permis à Baudelaire d'écrire sur la littérature en écrivant sur la peinture.

L'autre spécificité de la critique baudelairienne est la « critique d'identification »[32]. Dans une lettre à Théophile Thoré, Baudelaire déclare : « on m'accuse, moi, d'imiter Edgar Poe ! Savez-vous pourquoi j'ai si patiemment traduit Poe ? Parce qu'il me ressemblait. La première fois que j'ai ouvert un livre de lui, j'ai vu, avec épouvante et ravissement, non seulement des sujets rêvés par moi, mais des PHRASES pensées par moi, et écrites par lui vingt ans auparavant »[33]. Poe serait donc « une partie de [lui]-même »[34]. De même, quand Baudelaire découvre Wagner, il lui écrit une lettre qui contient en germe l'étude qu'il lui consacrera, pour lui dire : « il me semblait que cette musique était *la mienne* »[35].

Mais le choix de Guys, qui n'est qu'un artiste mineur, contrairement à Wagner, Delacroix ou Poe, comme « peintre de la modernité » semble problématique.

4. Pourquoi Guys?

L'apparition du mystérieux « M. G. » comme représentant de la modernité a choqué tous les critiques. La plupart d'entre eux pensent qu'il s'agit d'une erreur de Baudelaire[36], qu'il y aurait une discordance entre ce que le poète nous dit sur les œuvres de Guys et la réalité de ces œuvres, que souvent le « poème en prose » dans lequel Baudelaire nous décrit une aquarelle de M. G. serait beaucoup plus beau qu'elle, enfin que l'enthousiasme du poète serait injustifié. D'autres regrettent qu'il n'ait pas plutôt parlé de Manet, son ami et véritable fondateur de la peinture moderne[37], déplorant l'aveuglement artistique de Baudelaire.

En vérité, quand il écrit la première version du *Peintre de la Vie moderne*, au cours de l'hiver de 1859-1860, Baudelaire vient de rencontrer Manet, qui n'est pas encore le *Manet* que nous connaissons. *La Musique aux Tuileries*, par exemple, date de 1862, à l'époque où l'essai de Baudelaire était presque achevé. En réalité, il est fort probable que le thème de la toile lui ait été suggéré par Baudelaire et que Manet ait puisé son inspiration dans une aquarelle de Guys antérieure à 1860, tant pour le motif, le portrait de la foule parisienne, élégante et confuse, que pour la composition, avec les arbres et les chapeaux hauts de forme qui organisent l'espace du point de vue géométrique[38]. Manet devient *Manet* grâce à Baudelaire et, à travers lui, grâce à Guys, qui lui montrent tous deux le chemin à suivre. Il est clair, en outre, que Baudelaire n'apprécie guère la peinture de Manet, qui est presque aux antipodes de ses idéaux esthétiques[39]. À Manet qui lui demande de l'aide lors du scandale d'*Olympia*, Baudelaire répond : « *vous n'êtes que le premier dans la décrépitude de votre art* »[40]. Et il écrit à Thoré : « M. Manet que l'on croit fou et enragé est simplement un homme très loyal, très simple, faisant tout ce qu'il peut pour être raisonnable, mais malheureusement marqué de romantisme depuis sa naissance »[41].

D'après Antoine Compagnon, le choix de Guys illustrerait « à merveille l'ambivalence de la modernité baudelairienne, et de toute vraie modernité depuis lors, qui est aussi résistance à la modernité, en tout cas à la modernisation », choix nostalgique, révélateur d'une préférence pour le passé. Chez Guys, Baudelaire loue « la peinture de la réalité moderne, mais non la réalité de la peinture moderne ». L'idéal de Baudelaire serait alors la représentation d'un sujet moderne avec une technique académique, comme l'est *La Mort de Marat*, de David. Pour la même raison, il préfère les esquisses et les aquarelles de Guys, plus aptes à représenter la réalité moderne que le pinceau flou de Courbet ou de Manet. Tel est le côté traditionaliste, classique, conservateur de Baudelaire: « La double nature du beau, à quoi s'identifie la modernité, implique qu'elle soit aussi, inséparablement, résistance à la modernité »[42], c'est-à-dire, résistance à Courbet, à Manet, etc. Compagnon les défend en leur reconnaissant les principaux traits de la modernité que Baudelaire croit découvrir chez Guys : le caractère inachevé des œuvres, la fragmentation et le manque d'unité, la conscience critique.

Cette intéressante hypothèse nous aide à comprendre la notion complexe de « modernité ». En réalité, le style de Guys n'est pas académique du tout et il est loin d'être le représentant des valeurs traditionnelles de l'art. Cet autodidacte n'a pas eu de maître. Il « a trouvé, à lui tout seul, toutes les petites ruses du métier » (p. 13), qui travaille en suivant sa méthode personnelle, sans avoir de connaissances techniques. La rapidité de ses traits, son minimalisme et ses distorsions de perspective lui permettent de percevoir et de reproduire la fugacité du monde moderne, ce qui suscite l'admiration de Baudelaire réfléchissant sur une esthétique de l'esquisse qui n'est pas celle du chef-d'œuvre. En effet les aquarelles de Guys recèlent quelques intuitions géniales, préfigurant celles de Toulouse-Lautrec, de Manet et de Picasso[43], mais Baudelaire ne le considère pas comme un grand artiste. Au début de l'essai, il nous dit qu'il va parler d'œuvres de second ordre, de *poetæ minores*, du genre secondaire de la peinture des mœurs. Il est donc possible que, pour Baudelaire, la représentation artistique de la modernité ait eu besoin d'un art mineur, périssable et fugace, excluant un art grandiloquent qui aspirerait à durer dans le temps.

Le choix de Guys pourrait être aussi considéré comme une provocation[44]. Dans le *Salon de 1845*, Baudelaire l'a déjà fait en quelque sorte, en considérant Balzac, un écrivain, comme le vrai peintre de la modernité. Les peintres du salon n'arrivent pas à satisfaire Baudelaire qui voudrait un Balzac de la peinture, qu'il ne trouve pas chez Daumier ou Gavarni, des caricaturistes[45]. En choisissant Guys, qui n'est pas un caricaturiste et qui est un artiste plus indépendant, Baudelaire aurait voulu défier ses contemporains en critiquant les thèmes et le style de la tradition académique française[46].

D'autres interprétations, probablement les plus intéressantes, mettent l'accent sur les possibles dislocations et métonymies cachées dans l'expression « M. G. » D'abord, dans la perspective d'une critique d'identification, en parlant de Guys, Baudelaire parlerait *aussi* de lui-même. À travers la référence aux *poetæ minores*, Baudelaire se voyait-il comme un poète mineur, comme le public et les critiques de son temps le voyaient probablement ? C'est la « *folie Baudelaire* » réductrice de Sainte-Beuve[47]. Baudelaire est conscient de sa position fragile et excentrique. Derrière Guys, il aurait voulu revendiquer sa poésie, qui aurait « aussi du bon, du solide et du délicieux » (p. 7).

Deuxième hypothèse : en parlant de Guys, Baudelaire parlerait *surtout* de lui-même. La figure de « M. G. » ne serait qu'un prétexte, le point de départ d'une réflexion esthétique éminemment narcissique. Dans son essai, le poète insiste pour préserver l'anonymat du modeste Guys, mais dans sa correspondance entre 1859 et 1860, le nom de Guys apparaît souvent dans le titre proposé. Ce n'est qu'avant la publication dans *Le Figaro* qu'il le fait disparaître du titre et le remplace dans l'essai par « M. G. », pour des raisons assez confuses[48]. Dans une lettre à Poulet-Malassis contenant le poème « Rêve parisien », dédié à Constantin Guys, Baudelaire se distancie suivant une stratégie similaire du dédicataire en soulignant que ce poème « n'a pas avec [Guys] d'autre rapport *positif et matériel* que celui-ci : c'est que, comme le poète de la pièce, il se lève généralement à midi »[49].

Selon une troisième interprétation, « M. G. » pourrait être un symbole plus général du peintre de la vie moderne, du poète de la modernité ou de l'artiste de la modernité, ou même une sorte d'emblème de la poésie, de l'art et du langage[50].

Erreur, résistance à la modernité, provocation, identification, substitution, emblème : le texte reste ouvert sur une énigme qui fait toute sa richesse.

5. Baudelaire et l'éternel féminin

Certains préfèrent ignorer cette question[51], et d'autres tendent à la relativiser, comme pour nier ou réduire le caractère réactionnaire de la vision baudelairienne de la femme en soulignant l'ambivalence des deux figures : une femme angélique, adorée par le poète, et une autre satanique, désirée et méprisée en même temps.

Le *Baudelaire* de Sartre illustre tout à fait cette approche. L'idée que le poète se fait des femmes est liée d'une part, à un érotisme raffiné, voyeuriste et stérile, d'autre part, à son aversion, qui serait aussi une fascination pour la nature et la fécondité. L'idéal féminin de Baudelaire serait alors une héroïne chaste, froide et impénétrable, un être imaginaire et inaccessible que le poète ne peut qu'adorer, un autre de ces juges-bourreaux que Baudelaire choisit dans son singulier procès contre lui-même. Avec ses maîtresses, le poète pense à la femme idéale, « en sorte qu'il ne sait plus s'il appelle cette figure chaste et sévère pour accroître les plaisirs qu'il prend avec les putains ou si ses relations rapides avec les filles ne servent qu'à faire paraître la femme élue et à le mettre en contact avec elle »[52]. Comme sous le regard sévère de la mère, sous celui de cette Méduse le poète devient un simple objet, ce qui l'incite à cette rébellion impossible dont il a besoin pour se réaliser. La femme cesse ainsi d'être juge et devient l'objet du mépris de Baudelaire : « Il la trompe, il la souille »[53]. C'est alors que recommence le procès pervers. Fondé sur une sorte de psychanalyse existentielle, l'argument de Sartre est intéressant, mais il minimise et tend à justifier la misogynie de Baudelaire, considérée comme inévitable dans la psychologie complexe du génie.

Certaines études voient la femme chez Baudelaire, et notamment la prostituée, comme une « allégorie » de la création poétique, de la « violence » de la condition moderne, du capitalisme bourgeois, ou de la société industrielle. Paradoxalement, même si ce type d'études montre en général une grande sensibilité aux questions de *gender*, le trope de l'allégorie tend, comme l'analyse de Sartre, à relativiser la misogynie du poète, car la femme représenterait toujours autre chose, elle serait réduite à une abstraite « réalité sémiotique »[54].

Il est préférable de resituer le problème dans le contexte historique et social de la question féminine. La misogynie est dans l'air du temps, certes, mais Baudelaire ne fait pas que suivre l'opinion de ses contemporains, car son antiféminisme est particulièrement radical. Il adopte une position réactionnaire, proche des pensées de Joseph de Maistre qui considère la femme comme un « *bel animal* dont les grâces égayaient et rendaient plus facile le jeu sérieux de la politique » (p. 40). Dans sa correspondance avec ses filles, Maistre ridiculise souvent les « bas-bleus », en soulignant le rôle subalterne de la femme, toujours soumise à l'autorité de son époux et consacrée au foyer[55]. Proudhon que Baudelaire connaît personnellement, est encore plus misogyne et prétend prouver « scientifiquement » l'infériorité de la femme par rapport à l'homme et ainsi nier l'égalité des sexes[56]. Baudelaire évoque les « bas-bleus », qui « écrivent avec une rapidité débordante ; leur cœur bavarde à la rame. Elles ne connaissent ni l'art, ni la mesure, ni la logique ; leur style traîne et ondoie comme leurs vêtements »[57]. Dans *Mon cœur mis à nu*, Baudelaire dit de George Sand : « Elle est bête, elle est lourde, elle est bavarde ; elle a dans les idées morales, la même profondeur de jugement et la même délicatesse de sentiment que les concierges et les filles entretenues »[58]. Le comble de la misogynie est atteint dans un autre passage : « La femme est le contraire du Dandy. Donc elle doit faire horreur. La femme a faim et elle veut manger. Soif, et elle veut boire. Elle est en rut et elle veut être foutue. Le beau mérite ! La femme est naturelle, c'est-à-dire, abominable. Aussi est-elle toujours vulgaire, c'est-à-dire le contraire du Dandy »[59]. Après avoir lu *Le Peintre de la Vie moderne*, la mère de Baudelaire lui écrit que l'essai lui avait paru un éloge de la femme (peut-être le disait-elle ironiquement…). Le poète prend la lettre au sérieux et lui répond : « Je suis désolé de t'arracher tes illusions sur le passage où tu a cru voir l'éloge de ce fameux sexe. Tu l'a compris tout de travers. Je crois qu'il n'a jamais été rien dit de si dur. […] Mais cela ne concerne pas la *femme-mère* »[60].

La glorification de la femme comme Muse et divinité ou l'éloge du maquillage ne compensent pas les attaques à l'encontre de la femme réelle. Dans un passage du *Deuxième sexe*, Simone de Beauvoir souligne que la mythification de la femme est un moyen de l'enfermer dans une sphère surnaturelle, une façon de plus de la déshumaniser, de faire d'elle *l'autre absolu*. La parure, le maquillage, les bijoux et les chaussures tendent ainsi à perpétuer un certain imaginaire féminin, en assurant l'exclusion permanente de la femme. Ces artifices refléteraient aussi l'anxiété et le sentiment d'insécurité de l'homme vis-à-vis de la nature, représentée traditionnellement par la femme, en lui permettant de la dominer. Mais fleurs, parfums, plumes et perles, finissent par évoquer une fois de plus, paradoxalement, la nature, présente aussi dans la femme parée, « mais captive, modelée par une volonté humaine selon le désir de l'homme »[61]. Ces réflexions peuvent être lues comme un commentaire implicite et très lucide du *Peintre de la Vie moderne*. Seul l'amour chez Baudelaire, cet amour sadomasochiste et fétichiste qu'il compare à la prostitution, à la torture et même à une opération chirurgicale, est un amour vraiment moderne, différent de l'amour romantique, mais il s'agit d'un amour qui n'a pas encore changé d'objet, un amour cherchant encore une femme pré-moderne, qui doit être adorée, et qui constitue l'incarnation des idées misogynes du poète.

Il n'y a donc pas de « rédemption » possible pour la vision de la femme chez Baudelaire, conditionnée par le préjugé irrationnel de l'éternel féminin. Les explications psychanalytiques, historiques ou allégoriques tendent à cacher ou à minimiser cet aspect gênant de l'œuvre du poète, tout comme ses pensées politiques ou racistes. Cependant cet aspect est essentiel pour bien comprendre l'homme et le poète.

6. Une modernité difficile

La « modernité », notion centrale du *Peintre de la Vie moderne*, est devenue une catégorie fondamentale de la théorie esthétique et l'essai de Baudelaire apparaît comme l'un des textes fondateurs de la culture occidentale. Pour le poète, « la modernité, c'est le transitoire, le fugitif, le contingent, la moitié de l'art, dont l'autre moitié est l'éternel et l'immuable » (p. 20). Derrière l'apparente simplicité de cette définition, parmi les nombreuses interprétations possibles, nous proposerons trois types de lectures différentes : *néoplatoniques*, *matérialistes* et *postmodernes*.

Les interprétations néoplatoniques voient en Baudelaire un romantique attardé et tranchent la question de l'éternel et du transitoire en faveur du premier. Le poète ne ferait que répéter l'idée du beau relatif des romantiques allemands, importée en France par Madame de Staël, Stendhal et Lamennais. Telle est la vision de plusieurs contemporains de Baudelaire, comme Sainte-Beuve ou Gautier, qui le voyaient comme un épigone excentrique de l'école romantique et non pas comme le fondateur de la poésie moderne.

D'autres tranchent en faveur de l'élément transitoire de la définition, à savoir la modernité. Pour Hugo Friedrich, par exemple, Baudelaire serait le point de départ de la poésie moderne, dont les aspects fondamentaux seraient négatifs : dissonance, obscurité, fragmentation, anormalité, déshumanisation et déréalisation. Ces éléments présents chez Baudelaire s'accentueraient chez ses successeurs : Rimbaud, Mallarmé, Apollinaire, Valéry, Montale, Eliot, García Lorca et bien d'autres. La modernité de Baudelaire est fondée sur une rupture consciente avec la tradition, libérée du romantisme et aboutissant à un « romantisme déromantisé ». Les conditions sociales de la modernité auraient alors produit une poésie sans transcendance, sans unité ni sens[62].

Dans une position assez proche, Hans Robert Jauss suit l'évolution sémantique du *modernus* latin jusqu'à la *modernité* baudelairienne, qui serait aussi la nôtre. La spécificité de la notion de *modernité* consacrée par Baudelaire viendrait de ce que le *moderne* n'est plus le contraire de l'*ancien*, mais plutôt du *classique*, de la beauté éternelle qui se place en dehors du temps. Cette nouvelle conscience de la modernité, provoquée par les procès de modernisation sociale, politique et économique, déterminerait notre vision du monde et de l'art. Comme les produits du marché ou de mode, les mouvement artistiques se succéderaient à un rythme vertigineux. Dans la modernité, selon Jauss, la *nouveauté* serait la valeur absolue[63].

Enfin, sur les traces de Walter Benjamin, parmi les lectures postmodernes nous retiendrons celle de Paul de Man qui place la littérature dans son ensemble sous le signe de la modernité, position qui se comprend à travers l'idée de commencements absolus, dans « la tentation constante de la littérature de se réaliser dans un seul instant ». Pour Paul de Man, « la littérature, tout en étant inconcevable sans une passion pour la modernité, semble aussi opposer à partir de son intérieur une résistance subtile à cette passion », paradoxe parfaitement illustré par *Le Peintre de la Vie moderne*. Quelques expressions de Baudelaire associant un élément répétitif et un élément instantané, tels que « représentation du présent » ou « mémoire du présent » (pp. 8 et 21), constituent à ses yeux la clef de lecture de l'essai. Baudelaire ne nous parle pas des dessins de Constantin Guys ni de la modernité, mais plutôt du caractère éphémère et décentré d'une littérature qui est toujours en train de vouloir se fuir pour essayer de se rapprocher de la réalité présente, mais qui est condamnée à revenir à sa condition nécessairement littéraire. Ainsi « la prétention [moderne] de constituer un nouveau départ apparaît comme la répétition d'une prétention qui a été toujours faite par le passé ». L'écrivain « ne peut pas renoncer à la prétention d'être moderne, mais il ne peut pas non plus ne pas dépendre de ses prédécesseurs, qui, par ailleurs, étaient dans la même situation »[64]. Piégée entre la modernité et l'histoire, la littérature devient quelque chose d'essentiellement décentré, de radicalement instable. La « représentation du présent » nous parlerait d'un mouvement incessant qui aurait lieu en dehors du temps et serait une espèce de rituel qui cacherait le pari, voire l'aporie littéraire.

La notion baudelairienne de *modernité* évolue à travers ses écrits critiques. Dans le *Salon de 1845* et aussi dans celui de 1846, Baudelaire associe la modernité au romantisme de Delacroix, au style et non pas aux sujets de la peinture. Il semble accepter alors la doctrine romantique du beau relatif, mais sans la hiérarchie qui la caractérise le plus souvent : « Toutes les beautés contiennent, comme tous les phénomènes possibles, quelque chose d'éternel et quelque chose de transitoire, – d'absolu et de particulier »[65], définition qu'il perfectionnera dans *Le Peintre de la Vie moderne*. Les conclusions des deux premiers *Salons*, dans lesquels il laisse de côté Delacroix, et fait l'éloge de Balzac, demandant qu'on représente l'héroïsme de la vie moderne, c'est-à-dire, la vie parisienne, la ville, les bas-fonds, la vie élégante, les criminels et les filles entretenues, montrent également son insatisfaction. Il voudrait un art nouveau, un Balzac de la peinture. La rupture complète avec l'esthétique romantique est consommée avec l'article sur l'Exposition universelle de 1855. L'art chinois, dans lequel ses contemporains ne voyaient que des monstruosités, surprend Baudelaire qui y voit « un échantillon de la beauté universelle ». Dans un relativisme qui dépasse celui du romantisme, Baudelaire abandonne son ancien système esthétique, défend la modestie et l'impartialité et conclut : « *Le beau est toujours bizarre* »[66]. Nous ne sommes pas éloignés des idées du *Peintre de la Vie moderne.*

Une deuxième approche tente de recomposer l'esthétique baudelairienne à partir de sa poésie. Telle est la démarche d'Antoine Compagnon avec la notion d' « infini », dans laquelle il voit la clef principale pour bien comprendre sa théorie de la beauté[67]. C'est aussi celle de Walter Benjamin, qui rapproche les correspondances baudelairiennes de la mémoire involontaire proustienne[68]. Le poème fondamental serait « Correspondances », qui a été l'objet d'interprétations mystiques, romantiques, symbolistes… Pour certains, l'allusion aux correspondances, verticales et transcendantes, s'inspirerait du mysticisme de Swedenborg. D'autres pensent plutôt qu'à la fin du poème, Baudelaire parle seulement de synesthésies horizontales et immanentes, dans une sorte de platonisme sécularisé[69].

D'autres encore ont vu un Baudelaire vraiment moderne dans les *Petits poèmes en prose*, qui inaugureraient « la poésie de la modernité »[70] et qui, contrairement à la poésie des *Fleurs du Mal*, ne devraient rien à la tradition. Le rapport de cette œuvre avec *Le Peintre de la Vie moderne* est évident. En effet, dans la préface, Baudelaire annonce ses intentions qui nous rappellent les principes de l'essai : description de la vie moderne ; utilisation d'une prose poétique sans rythme ni rime, flexible et fragmentaire ; imaginaire urbain. Les poèmes en prose seraient donc la réalisation des principes esthétiques de l'essai, mais en les lisant, il est aisé de constater que Baudelaire ne les respecte pas toujours : la prosodie est bien la prosodie française classique ; la prose cache parfois des hendécasyllabes parfaits, ainsi que des rimes et des rythmes propres à la poésie ; on relève en outre de nombreux thèmes allégoriques, mythes, paraboles, récits classiques, et seulement quelques estampes du monde flottant de la ville moderne. Enfin, plus qu'une ouverture de la poésie sur la modernité, *Le Spleen de Paris* constitue une innovation relative, où les nouveautés se mêlent aux éléments traditionnels.

Comment découvrir le *vrai* Baudelaire, en tranchant la question de l'éternel et du transitoire dans son esthétique ? En réalité, ce sont deux principes indissociables, complémentaires et sans hiérarchie entre eux que l'artiste doit respecter avec la même rigueur. La tension n'étant ni antithétique ni dialectique, elle ne doit pas nécessairement être résolue. L'éternel, notion qui renvoie à une conception chrétienne du temps, n'est pas un emblème sans signification, mais plutôt ce que l'artiste doit chercher dans la sphère des choses, s'il veut que son œuvre soit belle et devienne un archétype susceptible de durer dans le temps. L'esthétique de Baudelaire n'est donc ni une simple esthétique de la nouveauté ni une esthétique de l'idéal éternel, mais plutôt une *praxis* qui voudrait rester en équilibre permanent entre ces deux pôles, en dehors du temps et de l'espace, voire dans un présent continu, dans une sorte de dissolution du temps historique, quelque chose de semblable au *Jetztzeit* benjaminien, le lieu où la dialectique reste en suspens[71]. Les mouvements de cette *praxis* constitueraient l'histoire de l'art, semblable à la formation des continents, un processus sans lacunes, sans sauts, sans progrès, un mouvement permanent et presque imperceptible.

Comme Benjamin voulait le montrer, le poète exemplifie à la perfection toutes les tensions et contradictions du XIXème siècle. Il veut vivre simultanément dans le monde métaphysique et dans le monde post-métaphysique, être un homme sans illusions, et en même temps ne pas tomber dans l'illusion moderne du progrès et de ses institutions. C'est pourquoi son attitude devant la modernité politique, sociale et culturelle révèle une modernité relative, comme son idée du beau. Cependant il y a peut-être une logique profonde dans la pensée de Baudelaire. De fait, dans le processus de différenciation de la réalité en plusieurs sphères séparées à cause du rationalisme et de l'empire de la science et de la technologie, Baudelaire comprend qu'une résistance active est la seule façon de protéger la spécificité de l'art, qu'il faut être moderne en même temps qu'antimoderne, et avec la même intensité[72].

Autocritique, autodestruction, modernité et anti-modernité, mais nullement nihilisme : Baudelaire cherche toujours l'affirmation et la vitalité dans la poésie. Sa critique de la modernité ne touche que les aspects aliénants de la société et de l'art modernes. Elle est, en réalité, une réaction compréhensible face à la réduction radicale de l'espace poétique et du rôle du poète dans la réalité redéfinie par la modernité. Elle est aussi, selon Octavio Paz, la conséquence logique d'une modernité esthétique qui, critiquant et renversant toute tradition, finit par constituer une tradition de la rupture, qui est condamnée, par une accélération progressive de la succession des mouvements artistiques, à entrer tôt ou tard en contradiction avec elle-même, à devenir anti-moderne, à être le germe de sa propre destruction[73]. L'ambivalence de Baudelaire est donc indispensable car elle lui permet de préserver, dans les marges de la société, à côté du dandy, du flâneur et de la prostituée, un espace dans lequel le poète peut écrire son poème en se maintenant en équilibre au-dessus d'une modernité qui, il le pressent déjà, risque de se dévorer elle-même.

S.A. et J.B.C.

Florence-Madrid, 2006-2008

NOTES DE
SITUATION DU PEINTRE DE LA VIE MODERNE

[1] G. Agamben, *Stanze: La parola e il fantasma nella cultura occidentale*, Einaudi, Turin, 3ème édition, 2006, pp. 53-54.

[2] G. Blin, *Annuaire du Collège de France*, 1969-1970, résumé des cours de 1968-1969, p. 525.

[3] A. Compagnon, *Baudelaire devant l'innombrable*, Presses de l'Université de Paris-Sorbonne, Paris, 2003, pp. 9-39.

[4] C. Pichois, « Notice », in Baudelaire, *Œuvres complètes*, éd. de C. Pichois, Bibliothèque de la Pléiade, Gallimard, Paris, 1976 (dorénavant, « *Œuvres* »), vol. II, p. 1418.

[5] C. Pichois et J. Ziegler, *Baudelaire*, Fayard, Paris, éd. de 2005, p. 478.

[6] Pour les détails biographiques sur Constantin Guys, voir la note 15 de l'essai de Baudelaire.

[7] Lettres de Baudelaire à Poulet-Malassis du 16 décembre 1859 et du 8 janvier 1860 (Baudelaire, *Correspondance*, éd. de C. Pichois, avec la collaboration de J. Ziegler, Bibliothèque de la Pléiade, Gallimard, Paris, 1973 – dorénavant « *Correspondance* » – vol. I, pp. 639 et 656).

[8] Lettre de Baudelaire à Arsène Houssaye, octobre-novembre 1860 (*ibid.*, vol. II, p. 101).

[9] Lettre de Baudelaire à Louis Bellaguet, directeur du *Service des encouragements et secours aux savants et hommes de lettres*, qui dépendait du *Ministère d'État*, du 22 février 1861 (*ibid.*, vol. II, p. 114).

[10] Voir C. Pichois et J. Ziegler, précité dans la note 5, p. 509.

[11] Lettre du 29 mars 1862 (*Correspondance*, vol. II, p. 239).

[12] Lettre du 3 novembre 1863 (*ibid.*, p. 329).

[13] *Ibid.*, p. 334.

[14] Sur le procès, voir C. Pichois et J. Ziegler, ouvrage cité dans la note 5, pp. 444-454.

[15] Voir F. Porché, *La Vie douloureuse de Charles Baudelaire*, Plon, Paris, 1926, p. 261.

[16] C. Pichois, « Notice », citée dans la note 4, p. 1078.

[17] Dans le *Salon de 1846*, Baudelaire dit que « la meilleure critique est celle qui est amusante et poétique » ; « pour être juste la critique doit être partiale, passionnée, politique » (*Œuvres*, vol. II, p. 418).

[18] G. Macchia, *Baudelaire critico*, Rizzoli, Milan, 2° éd., 1988, p. 82: « il modo con cui conviene leggere il critico Baudelaire: come un complemento, e spesso un commento, del poeta ».

[19] Baudelaire, *Richard Wagner et Tannhäuser à Paris*, in *Œuvres*, vol. II, p. 793.

[20] P. Valéry, « Situation de Baudelaire », *Œuvres*, éd. de J. Hytier, Bibliothèque de la Pléiade, Gallimard, Paris, 1957, vol. I, p. 604.

[21] Pichois parle de « l'ombre redoutable et stérilisante de Sainte-Beuve, dont il suit semaine après semaine les «Lundis» » (« Notice », citée dans la note 4, p. 1070).

[22] Baudelaire, *Notes nouvelles sur Edgar Poe*, *Œuvres*, vol. II, p. 328.

[23] *Œuvres*, vol. II, p. 347.

[24] Baudelaire, *Edgar Allan Poe, sa vie et ses ouvrages*, in *Œuvres*, vol. II, p. 269.

[25] D. Ternois, « Baudelaire et l'ingrisme », in U. Finke (sous la direction de), *French 19th Century Painting and Literature*, Manchester University Press, Manchester, 1972, p. 37.

[26] Les exemples qui suivent sont extraits de la « Notice » de Pichois sur la critique littéraire de Baudelaire, *Œuvres*, vol. II, p. 1069.

[27] *Œuvres*, vol. II, p. 125:

[28] *Correspondance*, vol. I, p. 597.

[29] *Ibid.*, vol. II, p. 254.

[30] *Salon de 1846*, in *Œuvres*, vol. II, pp. 469 et 470.

[31] *Œuvres*, vol. I, pp. 362-363.

[32] C. Pichois, « Notice », citée dans la note 4, p. 1071.

[33] *Correspondance*, vol. II, p. 386.

[34] *Œuvres*, vol. II, p. 348.

[35] *Ibid.*, p. 1452. Nietzsche a écrit quelque chose de semblable dans *Le cas Wagner* : « J'admire cette œuvre, je pourrais l'avoir faite moi-même ». Et le 25 juillet 1882, dans une lettre à Heinrich Köselitz,

il reconnaît avoir dit à sa soeur après la première de *Parsifal* : « j'ai fait *tout ce genre de musique* quand j'était jeune [...]. L'*identité* d'*accent* et d'*expression* était remarquable » (F. Nietzsche, *Der Fall Wagner*, in *Werke* (édition de Colli et Montinari), vol. 6.3, de Gruyter, Berlin, 1969, p. 37 : « Ich bewundere diese Werk, ich möchte es selbst gemacht haben » ; F. Nietzsche, *Briefwechsel* (édition de Colli et Montinari), de Gruyter, Berlin, 1981, vol. 3.1, p. 231 : « *ganz* diese *Art Musik* habe ich als Knabe gemacht, damals [als] ich mein Oratorium machte. [...] die *Identität* von *Stimmung* und *Ausdruck* war märchenhaft ».

[36] Par exemple, A. Compagnon, *Les cinq paradoxes de la modernité*, Le Seuil, Paris, 1990, p. 34: « erreur sur la personne de l'artiste moderne » ; P.-G. Castex, *Baudelaire critique d'art*, SEDES, Paris, 1969, p. 74 ; P. Valéry, cité à la note 20, p. 612: « Peut-être a-t-il exagéré la valeur de Constantin Guys ».

[37] Par exemple, T. J. Clark, *The Painting of Modern Life : Paris in the Art of Manet and his Followers*, Thames and Hudson, Londres, 1985 ; C. Greenberg, « Modernist Painting », *Art and Literature*, n° 4, 1965, pp. 193-201 ; D. Carrier, *High Art : Charles Baudelaire and the Origins of Modernist Painting*, Pennsylvania State University Press, University Park, 1996, p. 49.

[38] L'aquarelle se trouve au Musée Carnavalet de Paris (n° d'inventaire M. C D 1283). La comparaison est de C. Lancha, « Les dessins de Constantin Guys dans les collections du Musée Carnavalet et du Musée du Petit Palais », in *Constantin Guys : Fleurs du mal*, Les Musées de la Ville de Paris, Paris, 2002, p. 34.

[39] Voir J. A. Hiddleston, « Baudelaire and Constantin Guys », *The Modern Language Review*, 1995, pp. 603-621, p. 620.

[40] *Correspondance*, vol. II, p. 497. Un passage de l'essai semble bien une critique implicite de l'*Olympia* (voir la note 34 du texte de Baudelaire).

[41] *Ibid.*, p. 387. Le langage n'est pas sans rappeler ce que Sainte-Beuve dit de Baudelaire lors de la candidature de ce dernier à l'Académie : « M. Baudelaire gagne à être vu, que là où l'on s'attendait à voir entrer un homme étrange, excentrique, on se trouve en présence d'un candidat poli, respectueux, exemplaire, d'un gentil garçon, fin de langage et tout à fait classique dans les formes » (Sainte-Beuve, *Nouveaux lundis*, Calmann-Lévy, Paris, 1885-1899, vol. I, p. 401). Baudelaire fait-il avec Manet ce que Sainte-Beuve avait fait avec lui ?

[42] Citée dans la note 36, pp. 32, 33 et 38.

[43] L'exposition organisée à Paris par le Musée de la Vie romantique (octobre 2002-janvier 2003) revendique la figure de Guys. Un article du catalogue souligne son influence dans *Les Demoiselles d'Avignon* de Picasso (J. Richardson, « Constantin Guys, Baudelaire et Picasso », in *Constantin Guys: Fleurs du mal*, cité dans la note 38, pp. 34-50).

[44] T. Raser, *A Poetics of Art Criticism : the Case of Baudelaire*, University of North Carolina Press, Chapel Hill, 1989, pp. 155 et sq.

[45] *Ibid.*, p. 560 ; l'idée est reprise dans le chapitre II du *Peintre de la Vie moderne.*

[46] Encore une fois, Nietzsche aurait fait quelque chose de semblable en louant Bizet dans ses écrits sur Wagner. Dans sa correspondance, le philosophe allemand explique qu'il ne faut pas prendre au sérieux ce qu'il dit sur Bizet, qui aurait été choisi comme antithèse ironique de Wagner (lettre à Karl Fuchs du 27 décembre 1888, F. Nietzsche, *Briefwechsel*, édition de Colli et Montinari, vol. 3.5, de Gruyter, Berlin, 1984, p. 554).

[47] Par exemple, Sainte-Beuve, œuvre citée dans la note 42, p. 401: « M. Baudelaire a trouvé moyen de se bâtir, à l'extrémité d'une langue de terre réputée inhabitable et par delà les confins du romantisme connu, un kiosque bizarre, fort orné, fort tourmenté, mais coquet et mystérieux [...]. Ce singulier kiosque, fait en marqueterie, d'une originalité concertée et composite, qui, depuis quelque temps, attire les regards à la pointe extrême du Kamtschatka romantique, j'appelle cela *la folie Baudelaire* ».

[48] Voir la lettre que nous citons dans la note 17 du texte de Baudelaire.

[49] Lettre du 13 mars 1860, *Correspondance*, vol. II, p. 10.

[50] P. de Man, « Literary History and Literary Modernity », *Blindness and Insight : Essays in the Rhetoric of Contemporary Criticism*, 2° éd., Routledge, Londres, 1983, pp. 157-159.

[51] Par exemple, F. de Azúa, *Baudelaire y el artista de la vida moderna*, Anagrama, Barcelone, 1999, p. 162.

[52] J.-P. Sartre, *Baudelaire*, Folio Essais, Gallimard, Paris, 1975, p. 115.

[53] *Ibid.*, p. 119.

[54] D. Sanyal, *The Violence of Modernity : Baudelaire, Irony, and the Politics of Form,* Johns Hopkins University Press, Baltimore, 2006, p. 98.

[55] J. de Maistre, *Mémoires politiques et correspondance diplomatique de J. de Maistre*, édition de A. Blanc, Librairie nouvelle, Paris, 1858, p. 86 ; *Œuvres complètes*, vol. XI, Vitte et Perrussel, Lyon, 1885, p. 267.

[56] *De la Pornocratie ou la femme dans le temps modernes*, *Œuvres complètes*, vol. XI, Slatkine, Paris, 1982.

[57] Baudelaire, *Œuvres*, vol. II, p. 238.

[58] *Ibid.*, vol. I, p. 686.

[59] *Ibid.*, p. 677.

[60] *Correspondance*, vol. II, p. 336.

[61] S. de Beauvoir, *Le deuxième sexe*, vol. I, Folio, Gallimard, Paris, 1976, p. 267.

[62] H. Friedrich, *Structure de la poésie moderne*, Le Livre de Poche, Paris, 1999.

[63] H. R. Jauss, *Literaturgeschichte als Provokation*, Suhrkamp, Frankfurt, 1970 ; *Studien zum Epochenwandel der ästhetischen Moderne*, Suhrkamp, Frankfurt, 1989.

[64] P. de Man, « Literary History and Literary Modernity », *Blindness and Insight : Essays in the Rhetoric of Contemporary Criticism*, 2° éd., Routledge, Londres, 1983, pp. 151-162.

[65] Baudelaire, *Œuvres*, vol. II, p. 493.

[66] *Ibid.*, pp. 576 et 578.

[67] A. Compagnon, cité dans la note 3, pp. 52-60.

[68] W. Benjamin, *Charles Baudelaire: Ein Lyriker im Zeitalter des Hochkapitalismus*, en *Gesammelte Schriften*, Suhrkamp, Frankfurt, 1974, p. 585.

[69] M. Brix, « Modern Beauty versus Platonist Beauty », en P. A. Ward (sous la direction de), *Baudelaire and the Poetics of Modernity*, Vanderbilt University Press, Nashville, 2001, pp. 12-14.

[70] R. Kopp, introduction à l'édition de *Le Spleen de Paris*, Gallimard, Paris, 1973, p. 8.

[71] Voir W. Benjamin, *Das Passagen-Werk*, *Gesammelte Schriften*, vol. V.1, Suhrkamp, Frankfurt, 2° éd., 1982, p. 54.

[72] Voir A. Compagnon, *Les Antimodernes : de Joseph de Maistre à Roland Barthes*, Gallimard, Paris, 2005, pp. 7-8 ; A. Touraine, *Critique de la modernité*, Fayard, Paris, 1992, p. 122.

[73] Voir O. Paz, *Los hijos del limo* (1974), in *Obras completas*, vol. I, Galaxia Gutenberg/Círculo de Lectores, Barcelone, 1999.

BIBLIOGRAPHIE

1. Principales éditions françaises

Le Figaro, numéros 916, 917 et 918, des 26 et 29 novembre et du 3 décembre 1863

L'Art romantique, *Œuvres complètes*, vol. III, Michel Lévy, Paris, 1869, pp. 51-114

Œuvres complètes, édition de J. Crépet, vol. III, Conard, Paris, 1925, pp. 49-110

Œuvres complètes, édition de Y. G. Le Dantec, vol. II, Bibliothèque de la Pléiade, Gallimard, Paris, 1932, pp. 324-363

Œuvres complètes, édition de Y. G. Le Dantec, vol. II, Bibliothèque de la Pléiade, Gallimard, Paris, 1954, pp. 881-920

Curiosités esthétiques, l'Art romantique et autres œuvres critiques, édition de H. Lemaitre, Garnier, Paris, 1962, pp. 453-502

Œuvres complètes, édition de C. Pichois, vol. II, Bibliothèque de la Pléiade, Gallimard, Paris, 1976, pp. 681-724

Œuvres complètes, collection Bouquins, Robert Laffont, Paris, 1986, pp. 790-815

2. Quelques traductions

The Painter of Modern Life and Other Essays, édition illustrée et traduction de J. Mayne, Phaidon Press, Londres, 1964

Poesía completa, escritos autobiográficos, Los paraísos artificiales, crítica artística, literaria y musical, édition et traduction de J. del Prado et J. A. Millán Alba, Espasa-Calpe, Madrid, 2000, pp. 1365 et ss.

Il pittore della vita moderna, édition de G. Violato, traduction de G. Violato y E. Sibilio, Marsilio, Venise, 2ème édition, 2002

Il pittore della vita moderna, traduction de G. Guglielmi y E. Raimondi, Abscondita, Milan, 2004

El Pintor de la vida moderna, édition de A. Pizza et D. Aragó, traduction de A. Saavedra, Colegio Oficial de Aparejadores y Arquitectos Técnicos de la Región de Murcia, Murcia, 2ème édition, 2004

Salones y otros escritos sobre arte, traduction de G. Solana, La Balsa de la Medusa, Antonio Machado Libros, Madrid, 3ème édition, 2005, pp. 347-392

El Pintor de la Vida moderna, édition bilingue, traduction, introduction et notes de S. Acierno et J. Baquero Cruz, Langre, El Escorial, 2008

3. D'autres œuvres de Baudelaire

Œuvres posthumes, édition de J. Crépet, Conard, Paris, 1939

Œuvres complètes, édition de C. Pichois en deux volumes, Bibliothèque de la Pléiade, Gallimard, Paris, 1976

Le Spleen de Paris, édition de R. Kopp, Gallimard, Paris, 1973

La Belgique déshabillée, édition d'A. Guyaux, Folio classique, Gallimard, Paris, 1986

4. Biographies et correspondance

Th. Gautier, Notice, *Œuvres complètes*, vol. I, Michel Lévy, Paris, 1868

F. Porché, *La Vie douloureuse de Charles Baudelaire*, Plon, Paris, 1926

J. Richer y M. A. Ruff, *Les derniers mois de Charles Baudelaire et la publication posthume de ses œuvres*, Nizet, Paris, 1976

Correspondance, édition de Claude Pichois, avec la collaboration de Jean Ziegler, en deux volumes, Bibliothèque de la Pléiade, Gallimard, Paris, 1973

C. Pichois y J. Ziegler, *Baudelaire*, Fayard, Paris, édition de 2005

5. Critique littéraire

G. Agamben, *Stanze: La parola e il fantasma nella cultura occidentale*, Einaudi, Turin, 3ème édition, 2006

F. de Azúa, *Baudelaire y el artista de la vida moderna*, Anagrama, Barcelone, 1999

W. Benjamin, « Charles Baudelaire : Ein Lyriker im Zeitalter des Hochkapitalismus » ; « Über einige Motive bei Baudelaire », in *Gesammelte Schriften*, I.2, Suhrkamp, Frankfurt, 1974

W. Benjamin, *Das Passagen-Werk*, *Gesammelte Schriften*, V.1, Suhrkamp, Frankfurt, 2ème édition, 1982

G. Blin, *Annuaire du Collège de France*, 1969-1970, résumée des cours de 1968-1969, p. 525

A. Compagnon, *Les cinq paradoxes de la modernité*, Le Seuil, Paris, 1990

A. Compagnon, *Baudelaire devant l'innombrable*, Presses de l'Université de Paris-Sorbonne, Paris, 2003

A. Compagnon, *Les Antimodernes : de Joseph de Maistre à Roland Barthes*, Gallimard, Paris, 2005

H. Friedrich, *Structure de la poésie moderne*, Le Livre de Poche, Paris, 1999

H. R. Jauss, *Literaturgeschichte als Provokation*, Suhrkamp, Frankfurt, 1970

H. R. Jauss, *Studien zum Epochenwandel der ästhetischen Moderne*, Suhrkamp, Frankfurt, 1989

R. Kempf, *Dandies: Baudelaire et Cie*, Le Seuil, Paris, 1977

M. Lemaire, *Le dandysme de Baudelaire à Mallarmé*, Klincksieck, Paris, 1978

G. Macchia, *Baudelaire critico*, Rizzoli, Milan, 2ème édition, 1988

P. de Man, *Blindness and Insight: Essays in the Rhetoric of Contemporary Criticism*, 2ème édition, Routledge, Londres, 1983

O. Paz, *Los hijos del limo* (1974), *Obras completas*, vol. I, Galaxia Gutenberg/Círculo de Lectores, Barcelone, 1999

C. Pichois, « Baudelaire et le «mundus muliebris» », in *Baudelaire : Études et témoignages*, La Baconnière, Neuchâtel, 1967

D. Sanyal, *The Violence of Modernity : Baudelaire, Irony, and the Politics of Form,* Johns Hopkins University Press, Baltimore, 2006

J.-P. Sartre, *Baudelaire*, Folio Essais, Gallimard, Paris, 1975

Sainte-Beuve, *Nouveaux lundis*, Calmann-Lévy, Paris, 1885-1899

P. Valéry, « Situation de Baudelaire », *Œuvres*, édition de J. Hytier, Bibliothèque de la Pléiade, Gallimard, Paris, 1957, vol. I, p. 604

Patricia A. Ward (sous la direction de), *Baudelaire and the Poetics of Modernity*, Vanderbilt University Press, Nashville, 2001

6. Critique d'art

D. Carrier, *High Art : Charles Baudelaire and the Origins of Modernist Painting*, Pennsylvania State University Press, University Park, 1996

P.-G. Castex, *Baudelaire critique d'art*, SEDES, Paris, 1969

T. J. Clark, *The Painting of Modern Life: Paris in the Art of Manet and his Followers*, Thames and Hudson, Londres, 1985

C. Greenberg, « Modernist Painting », *Art and Literature*, n° 4, 1965, pp. 193-201

J. A. Hiddleston, « Baudelaire and Constantin Guys », *The Modern Language Review*, 1995, pp. 603-621

T. Raser, *A Poetics of Art Criticism : the Case of Baudelaire*, University of North Carolina Press, Chapel Hill, 1989

D. Ternois, « Baudelaire et l'ingrisme », in U. Finke (sous la direction de), *French 19th Century Painting and Literatura*, Manchester University Press, Manchester, 1972

7. Sur Constantin Guys

G. Geffroy, *Constantin Guys, l'historien du Second Empire*, Gallimard, Paris, 1904

Constantin Guys : il pittore della vita moderna, Savelli, Roma, 1980

P. Duflo, *Constantin Guys : Fou de dessin, grand reporter, 1802-1892*, Seydoux, Paris, 1988

Constantin Guys : Fleurs du mal, Les Musées de la ville de Paris, Paris, 2002

8. D'autres ouvrages cités

H. de Balzac, *La Comédie humaine*, édition de Bouteron-Longnon, Conard, Paris, 1912-1939

J. Barbey d'Aurevilly, *Du dandysme et de George Brummell*, Éditions Payot & Rivages, Paris, 1997

S. de Beauvoir, *Le deuxième sexe*, deux volumes, Folio, Gallimard, Paris, 1976

La Bruyère, *Les Caractères*, édition de Julian Benda, Gallimard, Bibliothèque de la Pléiade, Paris, 1951

J. de Maistre, *Œuvres complètes*, Vitte et Perrussel, Lyon, 1884-1893

J. de Maistre, *Mémoires politiques et correspondance diplomatique de J. de Maistre*, compilation d'A. Blanc, Librairie nouvelle, Paris, 1858

F. Nietzsche, *Der Fall Wagner*, in *Werke* (édition de Colli et Montinari), vol. 6.3, de Gruyter, Berlin, 1969

F. Nietzsche, *Briefwechsel* (édition de Colli et Montinari), de Gruyter, Berlin, 1981

Plutarch's Lives, édition de Bernadotte Perrin, Heinemann, Londres, 1967

P.-J. Proudhon, *De la Pornocratie ou la femme dans le temps modernes*, *Œuvres complètes*, vol. XI, Slatkine, Paris, 1982

J.-J. Rousseau, *Discours sur l'origine et les fondements de l'inégalité parmi les hommes*, *Œuvres*, vol. III, Bibliothèque de la Pléiade, Gallimard, Paris, 1964

Stendhal, *De l'amour* [1822], Champion, Paris, 1926, vol. I

Stendhal, *Rome, Naples et Florence* [1826], Folio Classique, Gallimard, Paris, 1987

Stendhal, *Histoire de la peinture en Italie* [1917], Folio Essais, Gallimard, Paris, 1996

A. Touraine, *Critique de la modernité*, Fayard, Paris, 1992

TABLE DES MATIÈRES

Aux Éditions du Sandre

(Extrait du catalogue)

Henri-Frédéric Amiel, *Essais critiques*

Damien Baldin, *Histoire du sein, Approche historique du corps des femmes au XIXe siècle*

Jules Barbey d'Aurevilly, *Pensées détachées* suivi de *Fragments sur les femmes*

Jules Barbey d'Aurevilly, *Les Prophètes du passé*

Lord Byron, *Don Juan*

Lord Byron, *Théâtre complet*

Eugène Delacroix, *Ecrits I, Etudes esthétiques*

Eugène Delacroix, *Ecrits II, Essais sur les artistes*

Jules de Gaultier, *De Kant à Nietzche*

Goethe, Carlyle, *Correspondance*

Edmond Haraucourt (Le Sire de Chambley), *La Légende des sexes*

Henri Heine, *Écrits juifs*

Ernest Hello, *Contes extraordinaires*

Ernest Hello, *Du Néant à Dieu*

Ernest Hello, *Physionomie des saints*

Jules Lagneau, *Écrits*

Gustav Landauer, *La Communauté par le retrait*

Joseph de Maistre, *Les Soirées de Saint-Petersbourg*

Xavier de Maistre, *Œuvre complète*

Stéphane Mallarmé, *Les Dieux antiques*

Edouard Manet, *Voyage à Rio, Lettres 1848-1849*

Jules Massenet, *Mes Souvenirs*

Mirabeau, *Ma Conversion*

Robert de Montesquiou, *Les Pas effacés, Mémoires*

Gérard de Nerval, *Les Confidences de Nicolas*

Noverre, *Lettres sur la danse*

Georges Palante, *La Philosophie du Bovarysme*

Philomneste Junior (Gustave Brunet), *Les Fous littéraires*

Marcel Proust, *À propos de Baudelaire*

Ernest Raynaud, *Baudelaire et la religion du dandysme*

Jacques Rivière, *Claudel*

Rodin, Eclairs de pensée. *Ecrits et entretiens*

Rubens, *Correspondance*

Leopold von Sacher Masoch, *Contes juifs*

Saint Augustin, *De Musica, Traité de la musique*

Saint Thomas d'Aquin, *Sermons*

Leopold von Sacher-Masoch, *Contes juifs*

Arthur Schopenhauer, *Philosophie du droit et autres essais*

Gabriel Tarde, *L'Opinion et la foule*

Paul-Jean Toulet, *Lettres à Soi-Même*

Paul-Jean Toulet, Claude Debussy, *Correspondance*

Vauvenargues, Voltaire, *Correspondance*

Emile Verhaeren, *James Ensor*

Emile Verhaeren, *Rembrandt*

Oscar Wilde, *Essais de littérature et d'esthétique*

Oscar Wilde, *Nouveaux essais de littérature et d'esthétique*

Oscar Wilde, *Derniers essais de littérature et d'esthétique*

Album Zutique

Si vous souhaitez être tenu informé de nos publications, vous pouvez nous adresser vos coordonnées postales ou électroniques au 57, rue du Docteur Blanche, 75016 Paris.

Achevé d'imprimer en France
par Dupli-Print à Domont (95)
en décembre 2009
N° d'impression : 137343